주말사장으로 사는 법

내가 만드는 주말의 기적이 시작된다

주말사장 으로 사는 법

마츠오 아키히토 지음 | 전주희 옮김

ἶN 더난출판

주말사장으로 사는 법

초판 1쇄 발행 2013년 7월 10일
초판 1쇄 발행 2013년 7월 15일

지은이 마츠오 아키히토 **| 옮긴이** 전주희 **| 펴낸이** 신경렬 **| 펴낸곳** (주)더난콘텐츠그룹

상무 강용구 **| 기획편집부** 차재호 · 민기범 · 성효영 · 윤현주 · 서유미 **| 디자인** 서은영 · 박현정
마케팅 김대두 · 견진수 · 홍영기 · 서영호 **| 교육기획** 함승현 · 양인종 · 지승희 · 이선미 · 이소정
디지털콘텐츠 최정원 · 박진혜 **| 관리** 김태희 · 양은지 **| 제작** 유수경 **| 물류** 김양천 · 박진철
책임편집 성효영

출판등록 2011년 6월 2일 제25100-2011-158호 **| 주소** 121-840 서울시 마포구 서교동 395-137
전화 (02)325-2525 **| 팩스** (02)325-9007
이메일 book@thenanbiz.com **| 홈페이지** http://www.thenanbiz.com
ISBN 978-89-8405-733-3 03320

인생에 너무 늦은 때는 없다, 자신의 가능성을 한 번 더 믿어라

"이 책은 쓰고 싶지 않다."

나는 이 책의 집필의뢰를 받았을 때 직감적으로 이런 부정적인 생각을 했다. 그 이유는 다음의 세 가지다.

- 내용이 너무 현실적이라서 이 책을 읽는 사람들에게 꿈이나 희망을 선사하지 못하는 것은 아닌가?
- 고객 컨설팅이나 유료 세미나에서 말하는 내용을 책에 적어야 하기 때문에 지금까지 돈을 지불해왔던 고객에게 불평이나 클레임을 듣게 될지도 모른다.

• 애초 나는 직장인이 '부업을 가진다'고 하는 사고방식이 싫다.

보통 창업 관련 책에서 말하는 연수입이나 수입을 올리는 시장은 허무맹랑한 금액을 타이틀로 내세워 독자들을 현혹하는 경우가 많다.

그러나 나는 실현할 수 없는 것이나 사람을 속이는 책은 쓰고 싶지 않다. 실제로 나는 《컨설턴트가 되어 연수입 650만 엔 올리는 법》이라는 책을 출간했지만 그것조차 '겨우 연수입 650만 엔? 그렇다면 독립하지 않는 편이 좋을지도……'라는 글을 인터넷에서 본 적도 있다.

두 번째로는 나의 노하우를 모두 공개한다는 원칙을 가지고 있음에도 이 한 권에 세미나나 컨설팅의 현장에서 고액을 받고 가르쳐온 기술이나 사례를 쓴다는 것이 문제가 되지는 않을까에 관한 고민이었다.

그리고 마지막으로 가장 중요한 걸림돌은, 나는 직원을 거느리고 있는 경영자다. 급여를 받고 있는 사원이 에너지를 본업에 집중하지 않고 '용돈 버는 데 정신을 쏟는다'고 하는 사고방식이 이해가 가지 않는다. 아니, 매우 싫다. 그것은 나뿐만 아니라 대다수의 사장들이 가지고 있는 생각일 것이다.

솔직히 꽤 많이 고민했다. 하지만 동시에 '지금의 내가 사람들에게 진심으로 전할 수 있는 것도 있지 않을까?' 하는 사명감이 가슴을 뜨겁게 만들었다.

전 세계적으로 경제는 어둡고도 긴 터널을 달리고 있다. '경제는 대단히 힘들다', '종신고용의 시대는 끝났다', '연금 시스템은 붕괴되고 있다' 등의 목소리가 심심치 않게 들려온다.

사람들이 나에게 "장래에 대한 막연하고 불안한 감정으로부터 도망치는 방법이 과연 있는 걸까요?"라고 물어오면 나는 이렇게 대답한다.

"물건을 팔아서 혼자 돈을 버는 힘을 기르는 수밖에 없다."

창업을 하려면 무언가 특별한 능력이나 판매하는 재능이 필요하다고 생각하는 사람도 있을 것이다. 하지만 그것은 잘못된 생각이며, 자신의 가능성을 부정하는 일이다.

나도 처음에는 보통의 직장인이었다. 또한 나의 고객 중에도 회사원으로 일을 하면서 창업을 하고 성공한 사람이 많다. 때문에 "쭈욱 직장인이었기 때문에 독립은 할 수 없다"고 말하는 것은 틀린 말이다. 게다가 이 책은 지금의 직장에서 일하면서도 도전할 수 있는 방법을 설명하고 있다.

앞서 나는 이 책의 출판기획 자체의 고민에서 빠져나올 수 있었던 것은 '이 책은 나밖에 쓸 수 없다'고 하는 사명감이 끓어올랐기 때문이라고 말했다. 그것과 마찬가지로 당신에게도 당신만이 할 수 있는 것이 반드시 있다.

어둡고 긴 터널을 빠져나오려면 자신의 가능성을 한 번 더 믿고, 당신만의 바퀴를 발견하는 것이 가장 중요하다.

인생에 너무 늦은 때는 없다.

나는 이 책이 당신의 인생을, 일하는 방법을, 삶의 방법을 바꾸는 '도전'의 계기가 될 것이라고 믿는다. 그래서 이 책에는 지금부터 창업을 시작하고 싶은 당신이 알고 싶어하는 정보와 노하우가 가득하다. 창업 컨설턴트로서 또, 현역 경영자로서 감추고 싶은 비밀까지도 모두 털어놓았으므로 안심하고 이 책을 읽어보자. 그리고 지금부터 주말사장이 되어 창업의 문을 열어보자.

차 례

●

프롤로그

인생에 너무 늦은 때는 없다, 자신의 가능성을 한 번 더 믿어라　　　　　5

1장　　이런 시대야말로 창업을 하자
인생을 바꾸는 무한도전, 주말사장

불경기일수록 창업을 해야 한다　　　　　15

발상의 전환으로 기회를 선점하라　　　　　20

하기 싫은 일 중에서 가장 하고 싶은 일을 찾아라　　　　　22

스트레스 없이 즐겁게 일하라　　　　　25

실격 직장인도 창업으로 성공할 수 있다　　　　　29

창업에 성공할 수 있는 사람　　　　　32

창업은 인생을 풍요롭게 보낼 수 있는 열쇠다　　　　　34

주말사장이 되어 먼저 '작은 창업'을 경험하라　　　　　40

2장　　주말사장이 되기 위한 준비를 시작하자
창업 아이템을 발견하는 방법과 성공 철학

먼저 '매매체험'을 경험하라　　　　　45

자신의 취미나 좋아하는 것과 관련된 아이템을 찾아라　　　　　49

판매에 유용한 SNS 도구와 활용법　　　　　52

창업을 하기 전에 배워야 할 것들　　　　　56

주말사장이 되기 위한 효율적인 독서법　　　　　58

주변 정보에 안테나를 세워라　　　　　61

규칙을 따르는 직장인 VS 규칙을 만드는 주말사장　　　　　63

SUCCESS KEYS_ 비즈니스 메일 활용법　　　　　65

3장 먼저 주말사장으로 연수입 올리기에 도전하라
낮은 리스크로 창업하는 방법과 본업과의 양립 요령

주말사장으로 연수입 올리기   69
주말사장으로 번 돈의 활용법   72
본업과 주말사장을 양립하는 요령   73
부업으로 해서는 안 되는 일   77
감사의 마음으로 '창업가 뇌'를 키워라   83
SUCCESS KEYS_ SNS 활용법   85

4장 주말사장을 졸업하고 이제 창업을 하자
창업 준비를 진행하는 방법과 성공 포인트

일단 원만한 퇴사를 목표로 하라   89
회사를 그만두는 타이밍을 잡아라   92
자신의 사정만을 앞세우지 마라   95
창업의 단계   97
홈페이지에 투자를 아끼지 마라   100
창업가로 사고법을 전환하라   103
처음 1년간은 혼자서 도전하라   105
친구와 동업하지 마라   108
법률과 세무 전문가는 반드시 필요하다   111
가장 중요한 것은 콘셉트다   113
SUCCESS KEYS_ 온라인 30%, 오프라인 70%의 법칙   115

5장 창업에 반드시 필요한 돈 버는 영업의 비결
업무를 본궤도에 올리기 위해 가장 중요한 영업 노하우

첫 손님은 돈으로라도 확보하라   119

구매를 독촉하지 않고 물건을 파는 마법   123

고객을 불공평하게 다뤄라   126

고객의 친구는 모두 고객이다   129

클레임이야말로 기회다   131

고객을 선택해도 괜찮다   134

작은 실수로 큰 실수를 막는다   136

SUCCESS KEYS_ 성공 사례 인터뷰①   140

6장 지속가능하고 효과적인 홍보의 모든 것
돈을 벌기 위해 필요한 광고 선전의 노하우

세일즈와 마케팅은 다르다   145

고객이 원하는 것은 상품에 얽힌 스토리   147

규모가 작을수록 브랜딩이 중요하다   151

'자기연출' 테크닉을 몸에 익혀라   155

공짜로 할 수 있는 광고 선전 방법   159

SUCCESS KEYS_ 성공 사례 인터뷰②   165

7장

반드시 알아야 할 경영의 힌트

원활하게 자금을 돌리기 위한 경영 노하우

철저하게 팔아라 171

정보를 이끌어내는 대화술을 습득하라 176

현금주의 원칙을 고수하라 180

스피드가 중요하다 184

눈앞의 작은 프라이드를 버려라 187

무조건 성공하는 경영 비법 190

SUCCESS KEYS_ 성공 사례 인터뷰③ 194

8장

나만의 비즈니스를 성공시켜라

성장하고 성공하는 주말사장을 위한 사고방식

처음부터 큰 자금을 쏟아 부어서는 안 된다 199

박리다매를 해서는 안 된다 204

절세만으로는 부족하다 208

인맥을 지나치게 늘려서는 안 된다 211

투자와 소비를 혼동하지 마라 214

공짜로 일하지 마라 217

창업에 실패한 사람들에게 배워라 221

성공하는 주말사장을 위한 사고방식 224

에필로그

인생은 한 번뿐! 그렇기 때문에 주말사장에 도전하라 227

1장

이런 시대야말로
창업을 하자

/

인생을 바꾸는 무한도전, 주말사장

金
31

土
1

日
2

불경기일수록
창업을 해야 한다

리먼 쇼크 이후, 전 세계 경제는 계속 냉랭해지고 있다. 미증유의 불경기라고 말하는 사람도 있다. 기업의 대형도산이 이어지고, M&A 등으로 많은 직장인이 구조조정이나 조기퇴직에 쫓기고 있는 것이 현실이다.

'가능하면 회사에 계속 있고 싶다'라고 생각하는 사람이 많은 가운데, 창업컨설턴트인 나는 단언한다.

"불경기인 지금이야말로, 독립 창업을 해야 한다."

"네? 어째서 상식 밖의 말을 하는 겁니까?"라고 묻고 싶은 당신에게 한마디 해주고 싶다.

다른 사람과 같은 일을 하고 있는 사람은 언제나 그 자리다. 하지만 성공한 사람은 모두 새로운 일에 대한 도전을 두려워하지 않는다. 오른쪽으로 가기 위한 오른쪽이 아닌 '오른쪽으로 가기 위한 왼쪽'을 선택할 수 있는 사람만이 성공할 수 있다."

불경기인 지금을 왜 기회라고 말하는가? 독립 창업의 장점을 예로 들어 설명해보자.

- 사무실, 오피스를 싸게 빌릴 수 있다.
- 좋은 물건을 싸게 매입할 수 있다.
- 우수한 인재를 확보하기 쉽다.

우선, 사무실과 오피스에 대해서 알아보자. 경기가 좋았던 버블 경기에는 빌딩 주인도, 건물을 중개하는 부동산 업자도 입장이 매우 강경하다.

그러나 불경기인 지금은 빌딩 주인도 세 드는 사람을 찾기 위해 필사적이다. 집주인을 위한 '빈방 대책 세미나' 등이 매우 번성하고 있는 상황이다.

물론 건물 소개를 주된 업무로 처리하는 부동산 중개업소 입장에서도 빌딩의 공실은 사활이 걸린 문제다. 그렇기 때문에 최근 들어서는 입주 조건이 좋은 매물이 넘쳐나고 있다.

그 다음으로는 매입하는 상품에 대해서 알아보자. 경기가 좋았던 시기에는 좋은 상품을 매입해야겠다고 마음먹으면 큰돈을 쌓아두고서도 "부디 저희 회사에서 물건을 팔게 해주십시오"라고 물건을 사는 쪽이 오히려 머리를 수그리는 상황이었다.

그러나 불황인 지금은 어떨까? 경기가 좋은 시기와는 달리 큰 이익을 얻으려고 하기보다는 어떻게 해서든 빨리 현금을 확보하려는 업자가 늘고 있는 것이다.

"월말까지 목돈이 현금으로 필요합니다. 1,000만 엔에 팔아야 할 상품이지만 500만 엔, 아니 300만 엔으로도 좋습니다. 지금 사주세요. 부탁드리겠습니다"라고 말하며 반대로 머리를 수그리고 매력적인 상품을 매우 값싼 가격에 사들일 수 있게 된다는 이야기도 간혹 있는 모양이다.

인재에 대해서도 동일하다고 말할 수 있다. 버블 경기 때에는 일류대학을 졸업한 학생뿐만 아니라 편차치가 높지 않은, 흔히 말하는 2류, 3류 대학의 학생들조차도 몇 개의 회사로부터 내정을 받았다. 그 중에는 "20개 회사에서 내정을 받았다"며

자랑하는 학생이 있을 정도였다.

또 이미 현업에서 활약하고 있는 직장인에게는 헤드헌터로부터 매일같이 "지금의 회사에 만족하십니까? 당신에게 더 잘 어울리는 직장이 있습니다. 물론 연봉도 지금 회사보다 훨씬 높습니다. 이야기만 들어주셔도 좋으니까 제발 연락 주세요"라고 하는 유혹이 많았다.

그러나 불황이 계속되고 있는 지금, 상황은 돌변했다. 유명 대학을 나온 장래가 유망한 학생들조차 좀처럼 취직할 회사가 없다. 그들은 취직낭인우리나라의 취업 재수생과 비슷한 말. 졸업생 신분으로 취직시험을 치르면 다음 해 봄에 졸업하는 재학생보다 불리해지므로 일부러 졸업에 필요한 학점을 따지 않은 채 재학생 신분을 유지하는 사람들을 일컬음-옮긴이이 되거나 파칭코 체인점이나 게임센터 등으로 몰린다. 예전이라면 "왜 대학을 졸업하지 않고 그런 곳에 가는 거야?"라고 말할 장소로 일할 젊은이들이 몰려들고 있는 실정인 것이다.

현재 당신이 직장을 다니고 있다고 해서 안심할 수는 없다. 어느 날 갑자기 당신이 몸담고 있는 회사가 무너져 직장 자체가 없어져버릴지도 모르는 일이기 때문이다. 어느 날, 아무런 경험이 없는 직종으로 인사발령이 나서 그곳에서 바로 성과가 나오지 않는다는 이유로 구조조정 대상자가 되었다는 소리가 들려올지도 모른다. 정년까지 한 회사에서 열심히 일을 하는 게 정말로 힘들어진 시대가 된 것이다.

그러나 불경기에 따른 엄한 상황이라도 관점을 '창업'으로 바꾸면 큰 기회가 된다. 대기업으로만 몰리던 우수한 학생도, 실전에 바로 투입할 수 있는 직장인도 지금이라면 중소 영세기업이나 벤처 회사에서 고용할 수 있다.

게다가 고정비가 드는 정사원이 아닌 유동경비가 되는 계약 사원, 아르바이트 사원 등 고용자 측면에서 유리한 조건으로 인재를 확보할 수 있다는 장점도 있다.

어떤가? 불경기인 지금, 창업의 장점은 잠깐 예로 든 것만 봐도 알 수 있듯이 이렇게 많다. 기회라면 지금이 기회다.

발상의 전환으로
기회를 선점하라

우리 주변에는 때때로 좋지 않은 상황을 역이용해서 마이너스를 플러스로 변화시킨 사례가 종종 등장한다. 이처럼 사물을 보는 방식과 발상을 전환해보는 것이 가장 중요하다. 지금은 막대한 자본이 없어도 독자적인 시점과 아이디어를 가지고 약간의 자본을 융통할 수 있는 사람이라면 창업으로 성공할 가능성이 가장 큰 시대다.

또한 비즈니스에서는 '선발주자의 이익'이라고 해서 맨 처음 사업에 뛰어든 사람이 이익을 본다고 하는 법칙이 있다. 지금은 한창 불경기지만 경제에는 파도가 있고, 이후에는 또 호경기로 전환될 것이다. 그제서야 '모두가 사업을 시작하니까 슬슬 나도……' 하고 큰 마음을 먹고 사업을 시작해도 성공을 기대하기는 어렵다.

실제로 재빨리 인터넷 관련 사업을 시작한 사람은 돈을 벌었지만 그 뒤를 쫓아간 사람들은 그만큼 이익을 얻지 못했다.

'불경기니까 돈을 쓰지 말자'가 아니라 '불경기니까 창업을 하자'라고 생각하자.

아무도 하지 않은 지금, 기회가 있다. 예전부터 투자자는 고독을 사랑해왔다. '친구 없이 걷는 길'이야말로 성공을 얻을 수 있다. 소수파가 되면 라이벌도 적어지고 저절로 다른 사람보다 기회를 손에 넣기가 쉽다. 이것이야말로 확실한 '역전의 발상'이다.

먼저 시작한 누군가의 등이나 주위 사람의 뒤를 따라가지 말고, 다른 사람이 아직 걷지 않은 길로 한 발짝 걸어나가라. 그런 마음가짐이 바로 미래의 당신에게 큰 재산이 될 것이다.

하기 싫은 일 중에서
가장 하고 싶은 일을 찾아라

지금까지의 이야기를 읽은 당신이라면 불경기인 지금이야말로 창업의 기회가 가장 크다는 사실을 분명히 알았을 것이다. 그럼, 창업에 명확하고 멋진 '동기'가 반드시 필요한 것일까? 혹은 '이상'이나 '목적'은 필수일까? 나는 '반드시 필요하지는 않다'고 생각한다. 물론 없는 것보다 있는 게 낫겠지만 '동기', '이념', '목적'이라고 하는 것은 두 번째로 충분하다. '다른 사람들에게 도움이 되고 싶다', '웃는 얼굴이 보고 싶다' 같이 더 간단하게 생각해보는 것은 어떨까?

"지금 다니고 있는 회사에 불만이 많지만, 그렇다고 하고 싶은 다른 일을 발견한 것도 아니고……."

혹시 지금 당신이 "부정적이고 우유부단한 나에게 창업 같은 것은 무리야" 하고 처음부터 창업을 포기하고 있다면 생각을 바꿔라. 나는 단호하게 말할 수 있다.

"그것은 문제가 아니다."

앞서 비즈니스에 성공하기 위해서는 '사물을 보는 방식과 발상을 전환해보는 것'이 가장 중요하다고 말했다. 여기서 이제 한 번 더 '발상의 전환'을 사용해보자. '하고 싶은 것'이 아니라 '하고 싶지 않은 것'을 생각해보는 것이다.

우선은 지금 일에서 싫어하는 것을 10개 정도 떠올려보자. '일찍 일어나는 것이 힘들다', '거래처에 머리를 숙이고 다니고 싶지 않다' 등등. 머릿속에 떠오르는 대로 리스트를 작성해보고 그 가운데서 정말로 하고 싶지 않은 것이 무엇인지 생각하고 엄선해보자. 어떤가? 당신이 가장 하고 싶지 않은 게 무엇인지 발견했는가?

내 경우, '만원버스를 타고 싶지 않아', '상사의 명령을 무조건 따르고 싶지 않아'라고 하는 것이 최종적으로 남았다. 하지만 만원버스에 타지 않고, 싫어하는 상사의 눈치를 보지 않기 위해서는 어떻게 해야 할까?

싫어하는 것에서 해방되기 위해서는 무엇을 해야만 할까? 답은 '창업'밖에 없었다. 왜냐하면 상사가 없는 직장은 내가 사장이 된다고 하는 선택밖에 없기 때문이다. 게다가 만원버스에 타지 않기 위해 창업을 한다면 집에서 가까운 곳에 사무실을 두고 싶다는 생각이 자연스럽게 떠올랐다.

매우 신기한 일이지만, 하고 싶지 않은 일을 '왜 싫어하는 거지?' 하고 일심불란一心不亂, 마음을 한 가지 일에 기울여 다른 것에 주의를 돌리지 않을하게 끝까지 파고들어 밝혀내자 내가 정말로 하고 싶어했던 것이 보이기 시작했다.

우리는 흔히 부정적인 것을 좋지 않은 것으로 생각하는 경향이 있다. 그러나 마이너스의 감정도 마음 먹기에 따라 플러스의 감정으로 전환시킬 수 있다. 부정적인 동기가 있다면, 그것을 끝까지 파고들어 긍정적인 점을 밝혀낼 때까지 생각해보자.

자신이 가장 하고 싶은 것이 무엇인지 발견하게 된다면, 당신만의 '창업 계기'가 자연스럽게 도출되고, 그것은 필히 성공의 길이 될 것이다.

스트레스 없이
즐겁게 일하라

만원버스를 견디고 회사에 가서 상사에게 호통을 듣게 되거나 부하직원의 비위를 맞추거나 고객에게 매일같이 머리를 조아린다. 겨우 집으로 돌아가게 되는 것은 한밤중이 되고 나서다. 당신은 격무와 스트레스로 매일매일이 힘들다.

이런 근무방식으로 당신이 생각했던 행복을 느낄 수 있을까?

우리는 주어진 시간의 대부분을 일에 소비하고 있다. 그것은 변할 수 없는 현실이다. 잘 생각해보자. 인생의 대부분을 점령하고 있는 일이 힘들다는 것은 살아가는 것 자체가 힘들다고 하는 것과 같다.

나는 대학을 졸업하고 나서 대기업 인재파견 회사에서 영업사원으로 일했다. 원래 다른 사람에게 머리를 조아리는 것을 힘들어하는 성격이라 무조건 사람들의 비위를 맞춰야 하는 영업이 싫었다. 하지만 상사로부터 지시를 받으면 하지 않을 수 없었다. 그래서 당시 나는 매일매일 보이지 않는 스트레스와 전쟁을 하고 있었다.

그러나 컨설턴트로 독립한 지금은 다르다. 업무가 즐거워서 견딜 수가 없다. 동료 창업자들도 "일하는 데서 스트레스를 느끼지 않아", "일이 즐거워" 같은 말을 이구동성으로 하고 있다. 회사에 속해 있는 동안에는 사귀는 사람도 선택할 수 없다. 손님에게 불합리한 요구를 당해도 불쾌감을 드러낼 수 없다. 하지만 창업을 하면 싫어하는 사람들과 사귈 필요가 없다. 내가 사장이니까, 내키지 않는 조건이라면 단칼에 거절할 수도 있다.

창업 전문가라 불리는 나도 독립해서 처음으로 알게 된 사실이지만 '싫다'고 생각하는 손님이나 내키지 않는 조건으로 일을 하면 그 일이 아무리 적성에 맞아도, 분쟁에 휘말리거나 실패할 가능성이 높다. 이것은 독립한 많은 사람들이 공통적으로 느끼고 있는 부분이다. 그리고 성공한 사장은 공통적으로 이 직감이나 육감이 대단히 우수하다. 당신도 창업을 통해 이 직감을 단련해보고 싶지 않은가?

이와 관련해서 여기서 말하는 스트레스가 없다는 것은 '백수처럼 놀고 먹는다'라는 의미가 아니다. 조직에 의해 억압당했던 스트레스로부터 해방된다는 것이다. 그런 의미에서 '스트레스가 없다'라고 말한 것이다.

창업을 하고 일이 본궤도에 진입하면 바쁜 하루하루를 보내게 된다. 생각지도 못하게 휴일을 반납하는 날들도 있다. 그러나 체력적으로는 조금 힘들어도 일 자체를 즐겁게 할 수 있다면 어떨까? 아마 피로를 한방에 날려버릴 정도로 기분 좋은 일일 것이다.

나는 지금 본업인 컨설턴트 일 외에도, 4권의 책을 동시에 집필하고 있다. 눈이 빙글빙글 돌 정도로 바쁜 하루하루를 보내고 있는 셈이다. 혹시 내가 이런 일들을 누군가에게 강요당해서 하고 있다면 큰 스트레스를 받을 것이다.

하지만 내가 하고 싶어서 하고 있는 일이기 때문에 전혀 고통스럽지 않다. 그렇게 생각하면 바쁘다는 사실도 '스트레스'가 아닌 '기분 좋은 긴장감'으로 느낄 수 있게 된다. 직장인으로서 일하고 있을 때의 스트레스를 "기분 좋다"라고 말할 수 있는 사람은 없을 것이다. 사람은 자신이 좋아하는 일을 하기 위해서라면 열심히 하게 된다. 즐거우면 자연적으로 몸이 움직이게 되는 것이다. 나는 일요일 저녁이 되면 월요일이 너무 멀게 느껴져 온몸이 근질근질거린다.

머릿속에서는 항상 '저 조건을 어떻게 해서라도 극복해서 반드시 성공시키겠다', '다음은 이렇게 격식 있는 말투로 세미나를 시작해야겠다'처럼 일과 관련된 것밖에 생각나지 않지만 고통이 없기 때문에 계속해서 새로운 아이디어가 나온다.

그렇게 아웃풋을 할 수 있게 되면 다음은 자신을 위해 공부를 하거나 독서를 하거나 세미나에 참석하는 등의 인풋, 즉 자기계발이 즐거워진다. 성공 나선이 돌기 시작하는 것이다.

억압당한 스트레스로부터 해방되어 매일 신선한 기분으로 일을 할 수 있게 되면 이는 곧바로 자신의 성장으로 이어진다. 어떤가? '창업'의 매력을 느낄 수 있는가?

실격 직장인도
창업으로 성공할 수 있다

나는 세미나의 수강생 모두에게 자주 이런 말을 한다.

"창업하고 싶으신가요? 그러면 이상한 사람이 되어야 합니다."

"당신은 다른 사람들에게 미움 받을 각오가 되어 있습니까?"

'왜, 일부러 이상한 사람이 되어서 다른 사람들에게 미움을 받지 않으면 안 되는 것일까?'

이런 생각을 하는 사람도 있을 것이다.

상사에게 지시받은 것을 요령 있게 잘 소화해내는 우수한 직장인은 창업해서 따끔한 맛을 볼 가능성이 높다. 그렇기 때문에 '우선은 사고회로부터 바꿔야 한다'는 메시지를 담아서 "이상한 사람이 되어야 합니다"라고 어드바이스하는 것이다.

이것은 바꾸어 말하면, 직장인으로서 우수한 사람이 반드시 창업에 성공하지는 않는다는 뜻이다. 오히려 "내가 납득할 수 없는 일은 하지 않아"라는 등 조직에서 밖으로 도는 사람이 창업에 성공할 가능성이 더 높다.

혹시 당신이 앞서 말한 유형이라면 이 책과의 만남을 반드시 변화의 계기로 삼아보기 바란다. 실제로 내 고객들 중에는 조직에 맞는 사람이 아니더라도 창업에 성공한 사람들이 매우 많다.

예를 들어, 채소 도매업과 중고차 매매업을 운영하고 있는 K씨를 살펴보자. 그는 창업을 하고 불과 6년 만에 연매출 5억 엔을 돌파해서, 도쿄 이케부쿠로 선샤인 시티에 사무실을 마련한 실력자다. 그런 그도 고등학생 시절에는 흔히 말하는 '날라리'였다. 삼류대학을 졸업하고 회사에 취직했지만, 오래 지속하지 못하고 직장 생활을 은퇴했다. 그러나 독립 창업을 하고 나서는 모든 것이 변했다. 직장에는 맞지 않았지만 창업가로서의 재능이 있었다고 하는 좋은 예다.

인터넷 비즈니스 컨설턴트를 하고 있는 S씨는 일류대학을 졸

30

주말사장으로 사는 법

업하고 대기업에 입사했다. 그러나 그는 '나에게 어울리지 않는 직장'이라고 판단하고 약 반년 만에 사직서를 제출했다. 그 후로도 회사에 들어가자마자 그만두고, 입사하자마자 그만두고를 반복해서 그가 스쳐지나간 회사만 해도 10군데 이상이었다.

그로 인해 '일이 계속 이어지지 않는 쓸모없는 직장인'이라는 딱지가 붙을 정도였지만, 그런 그도 창업하자마자, 점점 실적이 높아지더니 많은 고객들을 포용할 수 있는 수완 좋은 컨설턴트가 되었다. 그도 직장인으로서는 실격이었지만 창업으로 성공할 수 있는 유형이었던 것이다.

C·H·E·C·K·P·O·I·N·T

우수한 직장인이라고 해서 반드시 창업에 성공할 수는 없다. 먼저 자신의 유형을 파악하라.

창업에
성공할 수 있는 사람

한 회사에 오래 근무하지 못하는 것은 직장인으로서 자격이 없는 것일지도 모른다. 의욕이 있어도 성격이 독특한 사람이라면 조직에 있어도 붕 떠버리기 쉽다.

하지만 그런 강한 성격을 제대로 잘 살리는 분야를 찾아준다면 어떨까? 아마도 자신의 가능성에 도전하는 기회가 생길 것이다. 창업에 있어서는 그 '성격의 독특함'도 사업을 성공시키는 데 큰 무기로 변한다. 사실 소프트뱅크의 손정의 사장이나 마이크로소프트의 빌 게이츠 등 크게 성공한 사람은 '보통이 아닌' 인상을 가진 경우가 많다.

물론 단지 평판 좋은 사람만을 의미하는 것은 아니다. 개성이 중요하다고 말해도, 역시 그것은 비즈니스다. 성공할 수 있는 사람은 이상하더라도 예의 바르고 일을 계속 해나갈 수 있는 힘을 가진 사람이다.

독설 전문의 전대미문 캐릭터로 잘 알려진 배우 A씨. 하지만 무대 뒤에서는 매우 예의바른 사람이 아닐까? 그렇지 않다면 부침이 심한 예능계에서 그 정도로 오래 제일선에서 활약할 수 없을 것이다. TV에서 보이는 캐릭터대로 실수나 잘못을 하고 나서 "나는 원래 그런 남자니까"라고 뻔뻔하게 말해도, 정말로 매회 방송에 지각을 한다면 바로 일이 없어져버릴 테니까 말이다.

이런 원리는 비즈니스에서도 마찬가지다. 입으로는 뻔뻔하게 잘도 말하면서 약속을 지키지 않는 사람에게 손님이 몰리지는 않는다.

예의를 갖춘 데다가 자신이 원하는 것을 일관된 신념으로 하고 있는 사람. 그런 사람이 창업가로, 주말사장으로 성공할 것이다.

창업은 인생을 풍요롭게
보낼 수 있는 열쇠다

실제로 창업을 할 때 장점과 단점은 과연 무엇일까? 앞서 말한 대로 '스트레스 없이 일할 수 있다'는 게 창업의 큰 장점 중 하나다. 그 밖에 어떤 것이 있는지 한번 생각해보자.

창업의 장점

- 좋아하는 것을 일로 할 수 있다.
- 스케줄을 스스로 결정할 수 있다.
- 일에 관한 모든 것을 자신의 재량으로 정할 수 있다.
- 평가가 100% 자신에게 되돌아온다.

창업을 하면 자신의 스케줄을 스스로 정할 수 있다. 직장인으로서 고용되어 있으면 약속 등 어느 정도의 스케줄을 정하는 권한이 있지만, 정례회의 등 회사에서 정하고 있는 스케줄을 따르지 않으면 안 된다.

'오늘 하루는 기획서 작성에 집중하고 싶다'고 생각해도 선배의 영업에 동행해야만 하거나 자신과 관계없는 회의에 들어가야만 하는 일이 비일비재하다. 그러나 자신이 사장이라면 '오늘은 하루 종일 영업을 하는 날', '오늘은 기획에 전념하는 날', '오늘은 급한 안건이 없는 날이므로 쉬는 날' 등 자신의 페이스에 따라 정해도 좋은 것이다.

같은 식으로 스케줄만이 아니라 일에 관한 것도 모두 자신이 정할 수 있다. 그러나 주의가 필요하다. 이 '자유'는 단점이 될 수도 있기 때문이다.

모든 것을 스스로 결정한다는 것은 모든 게 자신의 책임이 된다는 뜻이다. 때문에 이 자유를 제대로 활용할 수 있는 사람은 창업가에 적합하겠지만 스스로 결단을 내리지 못하는 사람이나, 책임전가를 하는 사람은 창업에 맞지 않는다.

당신은 "뭐가 먹고 싶어?"라는 말을 들었을 때, "아무거나 좋아"라고 대답하는 사람인가? 그렇다면 유감스럽게도 당신은 창업가에 맞지 않는 사람이다. 창업이라고 하는 것은 결단의 연속이기 때문이다.

"책임을 지는 것은 당연하다. 그래도 모든 것을 내가 결정하고 싶다."

모든 책임을 혼자서 감당할 수 있는 사람이 바로 창업가에 어울리는 사람이다. 어쩐지 창업의 문턱이 높아져버린 기분이 드는가?

하지만 최후의 장점이 있다. 당신이 '창업하고 싶어!', '변하고 싶어!'라고 생각해서 큰 동기로 만드는 것이다. 그것은 평가가 100% 자신에게 되돌아온다는 것이다.

직장인으로 회사에서 일을 하는 한, 예를 들어 하루에 100만 엔의 매상을 올렸다고 해도, 그 이익을 낸 만큼 연봉이 오르는 일은 없다. 기껏해야 보너스 조정의 상승 조건 정도가 되지 않을까? 그러나 창업을 하면 직접적으로 그 이익이 자신의 것이 된다.

자신에게 되돌아오는 것은 금전적인 면이 아니다. 손님으로부터 듣는 "고맙습니다"라는 감사의 말이나 상품이나 일의 내용에 대한 평가도 직장인으로 있을 때는 회사라고 하는 간판을 등에 업고 있는 이상 '어차피 내가 아니라 회사에 대한 평가'라는 생각이 떠나지 않을 것이다.

그러나 창업을 하면, '자신에 대한 평가'라는 사실을 직접적으로 실감할 수 있게 된다. 손님에게 직접 감사를 받는다거나, "마츠오 씨의 덕분이에요"라는 말을 들으면 '다른 사람들에게 도움이 되고 있다'는 것을 실감할 수 있다. 그리고 그것이 더 좋은 서비스를 만들고 싶다거나 이것을 더 궁리하면 고객들에게 쉽고 재미있게 전할 수 있지 않을까 하는 생각 등으로 발전한다. 이것이 다음 일의 원동력이 되기도 한다. 즉 창업가라고 하는 자동차는 고객에게 받은 감사라는 가솔린으로 달린다고 할 수 있다.

나는 마음 깊은 곳에서 창업해서 다행이라고 생각하고 있다. 그렇다, 사람은 누구나 다른 사람들에게 감사를 받고 싶어한다. 게다가 그것이 일과 연결되면, 인생의 대부분을 풍요롭게 보낼 수 있는 열쇠를 찾은 것이라고 해도 과언이 아니다.

그렇다면 창업의 단점에는 어떤 것들이 있을까?

창업의 단점

- 모든 위험을 자신이 감수해야 한다.
- 회사라는 간판이 없어지고 사회적인 신용도가 떨어진다.
- 일을 하지 않으면 수입이 없다.

앞서 말한 대로 창업을 하면 자유로운 반면, 자신이 정한 것은 자신이 책임을 져야 한다. 예를 들어 성과가 악화일로로 치달아도 다른 누구의 책임이 아닌 자기 자신의 책임이다.

그리고 회사를 그만두고 창업을 하면 사회적인 신용도가 떨어진다. 은행에서 돈을 빌리기 어렵게 되거나 집이나 건물 등 큰 매매를 하는 데 어려움을 겪게 된다.

또한 일정한 수입이 보장되는 직장인과 달리, 창업을 하고 자신이 벌지 않으면 수입은 없다. 예를 들어, 감기로 쓰러져버린다면, 자리에 누운 날에 해당되는 수입은 없다. 그렇기 때문이 몸이 최고의 자산이라고 할 수 있다.

지금까지 창업의 장점과 단점을 함께 살펴보았다. 당신은 '창업하고 싶다'고 생각하고 있는가? 아니면 '역시 창업은 무리일지도……'라고 생각하고 있는가?

혹시 단점인 부분을 보고 조금 불안해졌다고 해도 '내 생각대로 일을 하고 싶다', '창업하고 싶다'고 하는 변화의 기분이 있다면 반드시 도전해보라.

창업해서 자신이 사장이 되어보지 않으면 맛볼 수 없는 일의 즐거움과 기쁨은 당신의 상상 이상이다. 그것을 이 책을 읽고 있는 당신에게도 가르쳐주고 싶다.

 C·H·E·C·K·P·O·I·N·T

창업의 장점
- 좋아하는 것을 일로 할 수 있다.
- 스케줄을 스스로 결정할 수 있다.
- 일에 관한 모든 것을 자신의 재량으로 정할 수 있다.
- 평가가 100% 자신에게 되돌아온다.

창업의 단점
- 모든 위험을 자신이 감수해야 한다.
- 회사라는 간판이 없어지고 사회적인 신용도가 떨어진다.
- 일을 하지 않으면 수입이 없다.

주말사장이 되어 먼저
'작은 창업'을 경험하라

보통 사람들이 곧바로 창업을 하기에는 장애물이 높은 것이 현실이다. 불안한 마음 상태로 일을 그만두고 창업을 하는 것에는 저항감이 들 것이다. 또 실패해서 가족들을 길바닥에 나앉게 할지도 모른다는 걱정을 하는 사람도 있을 것이다.

이 책에서는 그런 사람들에게 우선 '주말사장=주말 창업', 즉 부업을 권하고 싶다. 지금 당장 일을 그만두지 않더라도, 쉬는 날만 자신이 좋아하는 일을 하면서 사장이 되어 창업을 경험해보는 것이다.

이렇게 하면 지금 하고 있는 일을 그만둘 필요가 없기 때문에 안정적인 수입을 확보할 수 있다. 또한 회사에서는 할 수 없었던 원하는 분야의 일을 자신의 재량으로 자유롭게 할 수 있다.

우선은 '주말사장'으로 작은 창업을 해보고, 잘되면 그때부터 회사를 그만두고 본격적으로 창업을 하면 된다. 혹은 부업의 수입이 본업을 뛰어넘게 되면 자신의 창업적인 면을 믿고 독립을 단행해도 좋다.

같은 식으로 부업으로 사장을 체험해보고 '나에게 본격적인 창업은 어울리지 않아'라고 생각한다면, 계속 직장인으로 남으면 된다.

그렇지만 이 책을 읽는 독자들에게 전하고 싶은 말이 있다. 직장에는 잘 맞지만 창업가로 어울리지 않는 유형의 사람이라고 해도 '주말사장'을 한번 경험해보는 것은 큰 의미가 있다.

지금까지는 '고용당한 입장'으로만 사물을 생각했다면, 주말사장을 한번 경험함으로써 '고용하는 측면', '경영자 측면'의 시점을 가질 수 있게 된다.

실제로 주말사장을 시작하고 나서 "본업의 매출달성률이 올라갔다", "인사평가에서 높은 점수를 받았다", "전보다 더 일을 즐겁게 하게 되었다" 하는 말들을 전해들었다.

낮은 위험으로 시작하기 때문에 실패를 두려워하지 말고 부디 한번 '주말사장'을 경험해보라. '우선 해보자'고 하는 기분이어도 상관없다. 의외로 어깨에 힘이 들어가지 않고도 성공할 수 있다.

사장으로서 경영자로서 일을 하면 지금까지 보이지 않던 것이 확실하게 보이게 될 것이다. 그것은 자신의 장래 일에 관한 것일지도 모르고, 자신에게 부족한 기술에 관한 것일지도 모른다.

인생을 다시 살고 싶은가? 지금까지의 인생을 리셋하고 새로운 자신으로 변하고 싶은가? 그렇다면 '주말사장'에 도전해보기 바란다. 이런 시대야말로 기회가 있으니까!

 C·H·E·C·K·P·O·I·N·T

지금 하고 있는 일을 그만둘 필요없이 안정적인 수입을 확보하기 위해 쉬는 날만 자신이 좋아하는 일을 하면서 창업을 경험할 수 있는 '주말사장'에 도전하라.

2 장

주말사장이 되기 위한 준비를 시작하자

창업 아이템을 발견하는 방법과 성공 철학

金
FRI
31

土
SAT
1

日
SUN
2

먼저 '매매체험'을 경험하라

하고 싶은 일이나 꿈이 있는 사람은 부업으로 무엇을 하면 좋을지가 확실하기 때문에 수월하게 '주말사장'을 시작할 수 있다. 하지만 그 가운데는 "창업하고 싶지만, 도대체 어떤 비즈니스를 하면 좋을지 모르겠다", "애초부터 하고 싶은 일을 발견할 수 없었다"라고 하는 사람들도 많이 있다.

그런 사람들에게 나는 이렇게 충고해주고 있다.

"무엇이라도 좋으니까 일단 물건을 팔아라."

파는 것은 가능한 한 자신이 '좋아하는 것'이나 '취미와 관련된 것'이 좋다. 물건을 팔아서 성공하기 위해서는 어느 정도의 상품지식이 필요하다. 때문에 자신이 수집하는 물건이나 관심을 가지고 있는 것이라면 사전 조사 등 준비에 시간을 들이지 않고 바로 판매를 시작할 수 있다.

예를 들어 옷을 좋아하는 사람이라면 안 입는 옷을 인터넷 경매로 팔아보는 것이다. 처음 판매할 때는 자신이 입지 않는 것이나 입고 싶지 않은 것을 판매한다. 그러면 팔리는 옷의 경향이 보이게 된다. 그렇게 어떤 옷이 팔리는지 이해하게 되면, 다음은 옷을 매입해서 판매해보자.

여기서 중요한 것은 어디까지나 돈을 들이지 않고 실험적으로 마케팅을 해보고, 경향을 파악한 후에 대책을 세우는 것이다. 즉 투자를 하는 옷을 매입할 때는 미리 매입할 사람이 많이 기다리고 있는 상태가 되어 있어야 한다는 게 포인트다. '고객의 얼굴이 보인다'라고 하는 상태가 바로 이것이다. 이것은 장사의 기본이다. 잊지 마라.

또한 창업에 필요한 경험 중 하나로 '매매체험'이 있다. 직장인의 대부분은 고객에게 직접 물건을 팔아서 돈을 받아본 경험이 없다. 영업직에서 무언가 상품이나 서비스를 팔고 있어도 대부분 회사 계좌로 돈이 입급되는 시스템이라 직접 돈을 받아

오는 일은 극히 드물다. 그렇게 해서는 '물건을 팔아서 그 대가로 돈을 받는다'는 것을 리얼하게 실감할 수 없다.

그렇기 때문에 우선 인터넷 경매나 프리마켓 등에서 직접 물건을 팔아서, 고객에게 직접 돈을 받는 경험을 해보자.

특히 프리마켓은 절호의 테스트 마케팅 장소다. 얼굴이 보이는 '매매체험'이기 때문에 더 리얼하게 '매매'를 이해할 수 있게 되므로 강력히 추천한다. 이것이야말로 진정한 '주말사장'이기 때문이다.

추천포인트

- 가격 협상 등을 통해 고객과의 흥정을 체험할 수 있다.
- 어떤 물건이 팔리는지, 어떤 물건이 팔리지 않고 남는지를 통해 상품의 가격이나 유행을 알 수 있다.
- 고객에게서 직접 "고맙다"는 말을 듣는다.

휴일을 하루 이용하는 것만으로 이 정도의 체험이 가능하다. 게다가 자신이 직접 물건을 팔지 않고 프리마켓을 관찰해보는 것만으로도 지금 시장이 요구하고 있는 고객의 니즈나 판매되는 물건이 무엇인지를 공짜로 조사할 수 있다.

한 프리마켓의 달인은 끝까지 판매하고 남은 상품을 '복권'으로 판매한다고 한다. 단지 가격을 내리는 것에 머무르지 않고 엔터테인먼트성을 추가해서 파는 상품을 두근두근거리는 이벤트로 바꾼 것이다. 고객을 질리게 하지 않는 장치라고 볼 수 있다.

'물건을 판다'고 하는 비즈니스야말로, 아이디어만 있으면 얼마든지 창의력 공부를 할 수 있다. 이 비즈니스에서의 기본을 꽉 잡아두면 다양하게 응용할 수 있다.

부디 '매매체험'으로 '물건을 파는 것', '장사하는 것'을 리얼하게 실감하고, 본업에도 부업에도 살려서 당신만의 비즈니스를 갈고 닦아보자.

C·H·E·C·K·P·O·I·N·T

리얼한 '매매' 원리를 이해할 수 있는 프리마켓을 경험해보라

자신의 취미나 좋아하는 것과
관련된 아이템을 찾아라

창업과 부업의 기본, '어필리에이트_{상품의 구입이나 회원 신청 등 성과가}
발생하는 시점에서 비용이 발생하는 성과 보수형 광고 프로그램-옮긴이'.

서점의 관련 코너에는 《어필리에이트로 ○○ 벌기》《어필리
에이트로 성공하는 방법》《성공을 위한 어필리에이트 입문》이
라는 제목의 책이 많이 진열되어 있다.

어필리에이트라고 하는 것은 인터넷상의 블로그나 홈페이
지, 메일 매거진 등에 상품의 광고 링크를 붙여서 클릭하거나
상품이 판매되면 보수가 지불되는 구조다. 여기서 내가 이 책
을 읽는 독자들에게 전하고 싶은 것은 이에 대한 상세한 방법

이 아니라 마음가짐에 대한 것이다.

'주말사장'으로 어필리에이트를 하고 싶다고 말하는 사람들에게 나는 다음과 같이 충고한다.

"자신의 취미와 연결된 상품, 혹은 정말로 추천하고 싶은 것, 좋아하는 것을 소개하라."

당신이 요리를 좋아한다면, 요리 레시피를 소개하는 블로그를 작성해, 직접 사용해보고 좋았던 주방도구나 추천 요리 레시피 책을 소개한다.

하지만 전혀 관계 없는 화장품 등의 링크를 붙여서는 안 된다. 블로그나 홈페이지는 당신의 분신이고, 메일 매거진은 재산이다. 돈 욕심에 아무것이나 링크를 붙여버리면 당신 자신의 브랜드에 상처를 입히게 되고 이미지는 추락해버린다. 가치가 없는 것을 가치가 있는 것처럼 보이게 한다면 그 어떤 고객이라도 사기를 당한 기분이 들 것이다.

대부분 경우 취미는 자신이 진심으로 사랑하고 있는 것, 좋아하는 것이다. 그에 관련된 것이라면 고객을 대할 때 설득력이 있어서 신뢰할 만한 상품이 된다.

어필리에이트는 자신의 상품이 아닌 다른 사람의 상품을 판매해서 이익을 얻는 비즈니스지만, 취미나 기호와 링크한 물건이나 서비스를 소개하면 점점 당신의 얼굴이 보이고, 당신을 신용하는 사람들이 상품을 구입하게 되는 시스템이다.

중요한 것은 돈을 버는 것이 아니라 당신의 의견에 찬성하고, 당신을 응원해주는 동료를 많이 발견하는 것이다. 그러기 위해서 어필리에이트를 이용해보자.

 C·H·E·C·K·P·O·I·N·T

파워블로거 power blogger

네이버·다음 등 인터넷 포털사이트에서 영향력이 큰 블로그blog를 운영하는 사람. 블로거 중에서도 방문자 수 또는 스크랩 수 등이 많아 인기가 높은 블로거를 가리키는 말이다. 포털업체에서는 지난 2003년부터 글 게재횟수와 내용, 방문자, 댓글 등을 따져 매년 수백 명의 파워블로거를 선정해 오고 있다. 파워블로거로 선정되면 블로그 화면에 금메달 모양의 표시가 붙고, 광고를 붙여 수익도 거둘 수 있다. 이들은 '1인 미디어 기업'이라고 지칭될 만큼 기업이나 네티즌 사이에서 막강한 영향력을 행사하고 있다. 그러나 2011년 이들이 블로그의 유명세를 내세우며 특정 업체에 제품소개 등에 따른 수수료를 요구하고 수억 원의 돈을 받아 챙긴 것으로 드러나 논란이 되었다.

판매에 유용한
SNS 도구와 활용법

　스스로 상품을 매입해서 판매하거나 어필리에이트로 이익을 창출하거나 고객을 불러 모으기 위한 전략과 도구는 반드시 필요하다.

　이때 트위터나 페이스북 등의 SNS가 큰 도움이 된다. 블로그처럼 불특정 다수에 대한 접근이 아니라 어느 정도 타깃을 정하고 움직이기 때문에 제한된 자본으로 판촉활동을 해야만 하는 '주말사장'에게 딱 맞다고 할 수 있다.

　내가 주관하는 세미나에서도 "페이스북을 보고 참석했다"고 하는 사람들의 수가 최근 점점 늘고 있다. SNS도 잘만 활용하면 강력한 판촉 도구로 활용할 수 있다.

'친구'나 '친구의 친구'로서 다른 사람과의 연이 이어지는 페이스북. 같은 취향을 가진 사람들끼리 페이스북 친구가 되는 경우가 종종 있다. 아마 당신은 '유유상종'이라고 하는 말을 알고 있을 것이다. 예를 들어 내 친구로는 다음과 같은 사람들이 있다.

- 비즈니스 책의 독자
- 책을 쓰고 싶은 사람들
- 세미나 강사
- 세미나 강사가 되고 싶은 사람들
- 창업가
- 창업하고 싶은 사람들

이런 사람들이 좋아하는 정보를 내가 제공할 수 있다면 큰 반응이 되돌아올 것이다.

알기 쉬운 다른 예를 들어보자. 고양이를 키우고 있고, 고양이를 좋아하는 사람에게는 똑같이 고양이를 키우고 있는 사람이나 고양이를 좋아하는 '친구'가 분명 많이 있을 것이다.

여기에 '우리집 고양이가 캣푸드로 다이어트에 성공했어'라는 정보를 제공한다면 어떻게 될까?

고양이를 좋아하는지 어떤지 모르는 불특정다수의 사람들에게 캣푸드를 소개하는 것보다 수는 제한되어 있지만 고양이를 좋아하는 사람만 모여 있는 커뮤니티에 어필하는 편이 캣푸드가 더 잘 팔릴 것이다.

하지만 만일 내가 고양이를 좋아하는 사람들의 커뮤니티에 들어가서 창업 세미나를 고지한다면? 아마 아무런 반응도 없을 것이다.

SNS는 이처럼 굉장히 편리하고 판매에 효과적인 도구다. 하지만 바로 그 점 때문에 더 신경을 써야 하는 게 있다. 그것은 바로 정말로 내가 좋다고 생각하는 상품을 추천해야 한다는 것이다.

'주말사장'도, 일반적인 창업도, '한 번만 돈을 벌고 끝내기'로 해서는 안 된다. 지속적으로 상품을 판매하고, 사업을 이어나가야 한다.

비즈니스는 순간적인 것이 아니라 시간을 들여 꼼꼼히 키워

가는 것이다. 그렇기 때문에 올바른 것을 해야만 한다.

앞서 예로 든 캣푸드의 경우라면, 정말로 자신이 좋다고 생각한 상품만을 추천해야 한다. 아무리 자신에게 이익이 된다고 해도 '진심으로 추천하지 않는 상품'을 다른 사람에게 추천해서는 안 된다.

그것은 당신의 친구와 지인을 팔게 되며, 심하면 자신의 신뢰를 떨어뜨리는 결과로 연결된다.

 C·H·E·C·K·P·O·I·N·T

SNS

특정한 관심이나 활동을 공유하는 사람들 사이의 관계망을 구축해주는 온라인 서비스인 SNS는 최근 페이스북Facebook과 트위터Twitter 등의 폭발적 성장에 따라 사회적·학문적인 관심의 대상으로 부상했다. SNS는 컴퓨터 네크워크의 역사와 같이 할 만큼 역사가 오래되었지만, 현대적인 SNS는 1990년대 이후 월드와이드웹 발전의 산물이다. 신상 정보의 공개, 관계망의 구축과 공개, 의견이나 정보의 게시, 모바일 지원 등의 기능을 갖는 SNS는 서비스마다 독특한 특징을 가지고 있으며, 따라서 관점에 따라 각기 다른 측면에 주목한다. SNS는 사회적 파급력만큼 많은 문제를 제기하며 논란의 중심에 서 있다

창업을 하기 전에
배워야 할 것들

우리가 무엇을 시작하려고 할 때, 나름대로의 준비나 공부가 필요하다. 물론 '주말사장'도 예외는 아니다. 창업을 하기 전에 배워야만 하는 것은 과연 무엇일까?

내가 주관하는 세미나나 컨설팅에 참가하는 사람들 중에는 MBA 자격증을 가지고 있는 사람이나 MBA 수업을 듣고 있는 사람도 있다. 그들은 모두 비싼 비용과 귀중한 시간을 들여 경영학이라고 하는 '학문'을 배우고 있지만, 이 지식이 창업하는 데 직접적인 도움이 될까? 나는 도움이 되지 않는다고 생각한다.

왜냐하면 MBA는 대기업이나 큰 프로젝트에 필요한 이론이기 때문이다. 소자본으로 시작할 수밖에 없는 일반적인 창업가 예비군에게 탁상공론이라고 할 수 있는 '경영학'이 필요하다는 이론은 너무 앞선 이야기가 아닐까?

20년 정도 전이라면 자격 자체에 희소성이 있어서 확실히 일부 기업이나 단체에서 '인기가 많았다'고 할 수도 있다.

그러나 해외 MBA 학위 취득이 전보다 쉬워지고, MBA를 취득할 수 있는 대학원이 마구잡이로 늘어나면서 그 가치는 더 떨어졌다.

실제로 MBA 학위를 가지고 있는 내 친구도 "솔직히 말해, 자격증의 장점을 느낄 수 없다"고 말하며 한탄했다.

영어에 대해서도 마찬가지다. 애초부터 모국어를 사용해서 일을 할 수 없는 사람이, 모국어도 아닌 영어를 잘하게 되었다고 해도 일이 잘될 리가 없다.

취득 후에도 즉시 사용할 수 없는 MBA나 영어를 배울 시간이 있다면 차라리 창업 전부터 독립 초기 경영에 필요한 커뮤니케이션 기술이나 고객을 모으는 데 도움이 되는 마케팅, 브랜딩 등을 공부해보자.

주말사장이 되기 위한
효율적인 독서법

"창업을 하기 전에 비즈니스 분야의 책을 많이 읽어두는 편이 좋을까요?"

"어떤 책을 읽으면 좋을까요?"

세미나에 가면 이런 질문을 받는 경우가 많다. 나는 창업 전에 많은 책을 읽었다. 물론 지금도 좋은 책들을 찾아 계속해서 읽고 있다.

그 독서 경험에서 말할 수 있는 것은 "크게 성공한 창업가의 책은 그다지 실용적이지 않다"는 사실이다.

당신이 빌 게이츠나 스티브 잡스 혹은 손정의의 책을 읽고 과연 그들과 똑같이 실천할 수 있을까? 이것들은 모두 위인이 쓴 '어드벤처 소설' 같은 것이다. 읽고 나서 감동을 얻거나 가슴이 두근거리거나 꿈을 꾸고 즐길 수는 있지만 즉효성은 없다.

그보다는 우선 중소 규모로 성공하고 있는 창업가로 자신이 목표로 하는 사람을 발견하는 것을 추천한다.

'정말 대단하지만, 어떻게 해도 따라갈 수가 없어'라는 생각이 드는 위대한 사람보다 '조금만 노력하면 그처럼 될지도 몰라'라는 생각이 드는 창업가를 참고해보자.

그리고 다음은 조금 더 높은 순위의 경영자의 책을 읽고, 쓰인 대로 실천해보자. 갑자기 크게 성공한 창업가의 책을 읽는 것보다 그렇게 조금씩 순위를 올리는 편이 훨씬 효율적이고 현실적이다.

내 경우, 목표로 삼고 싶었던 사람이 집필한 책을 전부 읽는 것부터 시작했다. 그 사람이 어떻게 해서 성공했는지를 모델링하고 싶다고 생각해서 다양한 저자의 책을 읽지 않고 한 저자의 책을 전부 읽은 것이다. 이것이 주말사장이 되기 위한 가장 효율적인 독서법이다.

또 세미나에 대해서도 같은 방법을 취했다. 다양한 양상의 세미나를 전전하는 것보다 '이 사람이다' 하고 생각한 사람을 한 명 정해서 그 사람의 세미나에 모두 참석해보자. 그렇게 하면 그 세미나 강사에게도 주최자에게도 얼굴과 이름을 확실히 새겨두게 될 것이다.

그리고 "이제 더 이상 이 사람에게 배울 것이 없어"라는 말을 할 정도로 끝까지 파고들었다면, 다른 강사의 세미나도 참석해보자. 이것이 성공으로 가는 가장 가까운 길이다.

주변 정보에
안테나를 세워라

사업의 아이디어나 성공의 힌트는 책이나 세미나에만 있는 것이 아니라 일상에도 넘쳐난다.

어느 날, 아이와 함께 옥상에 작은 놀이시설이 있는 백화점에 들른 적이 있었다. 그곳에 있는 관람차에서 재미있는 광고 문구를 발견했다.

'일본에서 3번째 정도로 작은 관람차.'

재미있는 문구라고 생각되지 않는가? '작다'고 하는 점은 장점이 아님에도, '3번째 정도로 작다'고 표현하는 것으로 애매함과 느슨함이 어우러져 인상적인 광고 문구가 되었다.

이 문구를 본 순간, 내 머리에 떠오른 것은 '무언가 사업의 재료로 사용될 수 있겠구나'라는 생각이었다.

그밖에도 '백화점 위에서 40년간, 마을을 지켜봤다'고 하는 문구가 인상 깊었다. 관람차의 완성은 1968년. 내가 한 살 때부터 계속 이 길에 있어왔던 것이다. 옛날에는 백화점 위에 작은 놀이시설이 있는 것이 보기 드문 일이 아니었지만 요즘은 거의 보기 힘들어졌다. 나는 아이와 함께 관람차를 바라보면서 생각했다.

'왜 이곳에는 아직도 놀이시설이 남아있는 것일까? 그 이유를 알 수 있다면 비즈니스 힌트가 보일지도 모른다.'

창업가는 이런 식으로 어떤 때라도 주위의 정보에 안테나를 세워야 한다. 직장인으로 있는 동안은 근무 시간과 개인 시간으로 나눠서 '근무 시간 외에 일에 관한 것은 생각하고 싶지 않아'라고 생각하는 사람이 많을지도 모른다.

그러나 주말사장을 몸소 실행하고 '창업가 뇌'로 전환되면, 일상의 많은 것들이 이전과 다르게 보인다. 지금까지 아무렇지도 않게 간과했던 게 보물처럼 보이게 될 것이다.

규칙을 따르는 직장인
vs
규칙을 만드는 주말사장

  나는 창업가와 직장인의 가장 큰 차이점을 다음과 같이 생각한다.

'규칙을 따르는 사람이 직장인'

'규칙을 만드는 사람이 창업가'

  주말사장도 훌륭한 창업가다. 따라서 스스로 규칙을 만드는 것이 가장 중요하다. 직장인으로 있을 때는 회사가 정한 규칙을 따르기만 하면 좋았을지도 모른다. 그러나 창업을 한다면 직접 만든 규칙을 스스로 지켜야 한다.

  창업 초기, '인터넷에서 이름을 팔자'고 생각했던 나는 '다른 사람들에게 도움이 되는 블로그 기사를 365일 빼놓지 않고 쓴다'라는 규칙을 정했다.

당시는 집에 컴퓨터가 없어서 사무실에 나오지 않으면 블로그를 갱신할 수 없는 상황이었다. 토요일도 일요일도 연말연시도 365일 쉬지 않고 사무실에 가서 글을 다시 쓰는 매일매일이 시작되었다. 결코 즐겁기만 한 작업은 아니었다.

하지만 그 규칙을 어기지 않고 지속한 결과, 모 블로그 순위에서 1위를 차지할 수 있었고, 그것이 계기가 되어 세미나를 시작해서 지금의 사업에 이르게 되었다. 지금의 내가 있는 것은 스스로 정한 규칙을 계속해서 지켜왔기 때문이다.

혹시 당신이 인생을 바꾸고 싶다고 생각한다면 이것만 명심하라. 자신에게 규칙을 부과하고 그것을 계속 지키면, 반드시 인생 역전의 기회가 찾아올 것이다.

SUCCESS KEYS

비즈니스 메일 활용법

1개의 메일에는 1개의 중요한 용건만 적는다

보내는 메일에 중요한 용건이 여러 가지 겹쳐 있으면, 메일을 받는 상
대방은 혼란스러워하기 쉽다. 받는 사람이 읽은 후에 생각을 정리하
기 쉽도록 1개의 메일에는 1개의 중요한 용건을 적은 메일을 보내도
록 한다.

내가 받은 메일 중에서 '좋다'라고 느낀 메일을 참고로 한다

나는 비즈니스 메일을 보낼 때, '처음 뵙겠습니다. 마츠오 아키히토라
고 합니다. 이번에도 주문을 해주셔서 감사합니다……'라는 문장으로

시작하고, 맺음말에는 '감사합니다'라는 문장을 첨가한다. 이것만으로
도 매우 정중하다는 인상을 남기게 된다.

일류 기업의 비즈니스 메일에서 배우기

예를 들어 아마존에서 책을 한 권 구입하면, 참고가 되는 일정한 형식
의 문장이 담긴 메일이 도착한다. 또한 마찬가지로 자료 청구를 하거
나 싼 상품을 사거나 할 때도 동종 업계의 다른 회사 메일을 참고로
하는 것이 좋다.

개인 정보를 넣는다

혹시 메일을 받는 상대가 실제로 만났던 적이 있는 사람이라면 '그때
당신이 알려주신 것을 실행해보았더니 대단히 효과적이었습니다'라는
말처럼 한마디 더 첨가해보자. 상대방은 '나에 대해 잘 기억하고 있다'
는 특별한 감정을 가지게 되어 좋아하게 될 것이다. 이렇게 세심한 것
까지 신경을 쓰면 상대방이 느끼는 당신의 인상은 한층 더 좋아질 것
이다.

3장

먼저 주말사장으로
연수입 올리기에
도전하라

낮은 리스크로 창업하는 방법과
본업과의 양립 요령

金
FRI
31

土
SAT
1

日
SUN
2

주말사장으로
연수입 올리기

앞서 '주말사장'을 시작하기 전에 갖춰야 할 마음가짐과 성공 법칙에 대해서 소개했다. 이제 조금 더 들어가서 '이렇게 하면 성공한다'고 하는 구체적이고 실천적인 이야기를 해보자.

부업이라고 하면 용돈을 버는 것 같은 이미지를 떠올리기 쉽지만, 내가 추천하고 있는 '주말사장'은 어디까지나 '창업을 위한 준비'다. 즉 태도의 진지함이 완전히 다른 것이다. 분명히 창업에 소비하는 시간은 토요일과 일요일, 본업의 근무시간을 제외한 시간뿐이지만, 여가시간에만 실시해서는 의미가 없다.

어디까지나 '주말사장'의 목적은 다음과 같다.

- 본업에서 할 수 없었던 자기 실현을 계획하고, 직장인으로는 볼 수 없었던 것을 보고, 체험하고, 생각하고, 배우는 것
- 본업과 부업이라고 하는 2개의 수입을 만들어서 결과적으로 총수입을 늘리는 것
- 쉬는 날을 활용해서 실제로 사장 역할을 체험하고 장래 독립 창업을 하는 것을 상상하면서 준비를 하는 것

우선은 앞서 나열한 이런 점들을 확실히 의식해야 한다.

용돈을 버는 데 그치지 않고 진심으로 부업을 해야겠다는 의식을 지속하기 위해서는 과연 어떻게 해야만 할까?

가장 단순하게 바로 할 수 있는 것이 바로 '매출 목표 세우기'다. 어떤 내용의 일을 하는가에 따라서 금액에는 차이가 있을지도 모르지만, 나는 강연을 들으러 오는 사람들에게 "어쨌든 토, 일 주말에는 하루에 1만 엔씩 벌어라"라고 말한다.

하루 1만 엔이라면 무리하지 않아도 어떻게든 벌 수 있을 것 같은 기분이 들지 않는가? 토, 일요일마다 1만 엔을 벌 수 있다면, 한 달이면 8만 엔, 연간 96만 엔의 수입을 올리게 된다. 현재의 연수입에 96만 엔을 더 한다고 생각하면, 갑자기 의욕이

불끈 솟지 않는가?

반대로 말하면 하루 1만 엔 정도를 벌 각오가 없다면 창업 같은 것은 꿈도 꾸지 말아야 한다. 무섭게 말하는 것처럼 들리겠지만 하루 3,000엔 정도의 수입으로 만족한다면 비즈니스가 아닌 취미일 뿐이다. 그렇다면 휴일에 패스트푸드점에서 아르바이트를 하는 편이 더 낫다. 시급 800엔의 아르바이트라면 12시간 일해서 1만 엔 정도는 벌 수 있을 것이다.

'나중에는 독립 창업을 하고 싶다'고 하는 목적이 있다면 취미에 머무르지 말고 확실히 매상 목표를 정해서 사업을 해보자.

하루 1만 엔으로 시작해서 목표를 달성하게 되면 조금씩 금액을 올려보자. 단 본업에 지장을 줘서는 안 되기 때문에 하루하루 목표를 생각하는 것보다 월간 단위로 목표를 잡아보자.

주말 근무나 접대 등으로 주말을 보낸 경우에는 무리하게 하루 1만 엔을 벌려고 하지 말고, 평일 밤이라도 조금씩 시간을 나눠서 만회하려고 해보자.

그렇게 해서 1개월이라고 하는 긴 시간을 두고 종합적으로 8만 엔을 벌게 된다면 목표를 달성한 것이다. 이것을 할 수 있게 된다면 당신은 이제 훌륭한 '주말사장'이다.

주말사장으로
번 돈의 활용법

당신이라면 '주말사장'으로 번 돈을 어디에 사용할 것인가? 이 돈을 사용하는 방법에 따라 당신이 창업가형 인간인지 아닌지 판단할 수 있다.

학생 시절을 떠올려보자. 패스트푸드 점이나 편의점에서 아르바이트를 해서 번 돈은 대개의 경우 생활비에 보탬이 되거나, 갖고 싶었던 것을 사는 데 사용되었을 것이다. 번 돈을 투자로 돌리지 않는 사람은 단언컨테 창업가형 인간이 아니다.

이런 사실을 이해할 수 있는지 없는지가 직장인에서 주말사장으로의 변신을 가늠할 수 있는 경계선이다.

본업과 주말사장을
양립하는 요령

'주말사장'을 위해 직장업무를 가볍게 여기지 말라

- 회사에서도 부업과 관련된 일을 한다.

- 부업으로 머리가 가득차서 회사 일을 소홀히 하게 된다.

- 평일 밤에 부업을 너무 많이 해서 근무 중에 졸게 된다.

- 회사의 설비나 비품을 부업 하는데 사용한다.

말할 것도 없이 이것은 직장인으로서 해서는 안 될 일이다.
어디까지나 본업은 직장인이다. 직장인으로서 최저한의 도덕심을 잊지 않고 안정적인 수입을 확보하기 위해서는 본업의 일을 열심히 하도록 하자.

신체관리에 신경을 써라

주말을 '사장'으로 기진맥진하게 될 때까지 일하고, 월요일에 본업을 쉬어버리는 것은 아무런 의미가 없다. 덧없는 밤샘은 하지 말고 제대로 잠을 자두는 것이 좋다. 균형 있는 식생활을 해야 한다는 것도 명심하라.

스트레스를 쌓아두지 말고 신체관리에도 신경을 쓰면서 지금까지 이상으로 자신의 몸을 소중히 해야 한다.

음주를 위한 외출을 삼가고, 무의미한 모임을 줄여라

'주말사장'으로 성공하기 위해서는 제한된 시간을 효율적으로 활용하는 것이 필요하다. 따라서 일일이 첨석하지 않아도 되는 술자리 등은 가능한 삼가는 것이 좋다.

내가 아무리 이렇게 말한다고 해도 업무상의 만남이나 새로운 인맥의 개척, 친구관계를 원활하게 유지하기 위해서는 모든 모임에 빠진다는 게 말이 안 된다. 그런 경우 2, 3차까지 어울리지 말고 1차에서 적당히 끊고 일어나는 등 의식적으로 맺고 끝내기를 몸에 익혀 가능한 한 부업에 사용될 시간을 만들어야 한다.

가정이 있다면, 가족의 이해를 얻어라

배우자나 아이가 있는 경우, 쉬는 날 가족 서비스도 매우 중요하다. 그러나 '주말사장'을 시작하면 좀처럼 가족을 위한 시간을 사용할 수 없게 된다. 그로 인해 가족의 사이가 소원해져서는 안 된다.

'주말사장'으로 번 돈을 모두 투자에 써버리지 말고, 때로는 가족 모두가 맛있는 음식을 먹는다거나 번 돈의 일부를 가족에게 사용하는 등 배우자와 자녀들의 이해를 얻도록 해보자.

'주말사장'으로 얻는 배움을 본업에 활용하라

앞서 말한 대로 '주말사장'을 시작하면 '창업가 뇌'로 조금씩 변해간다. 24시간 모든 정보에 안테나를 세우게 되거나, 사물을 조망할 수 있게 된다.

자신이 사장이며 유일한 사원인 '주말사장'은 처음에는 기업, 경영, 경리 등 모든 실무를 스스로 하지 않으면 안 된다. 따라서 회사, 업무라고 하는 것을 경영자 시점에서 바라볼 수 있게 된다.

그리고 돈에 대한 사고방식도 크게 달라진다. 알기 쉽게 예를 들어보자. 직장인이었을 때 영수증은 '돈을 되돌려주는 것', '단지 먹고 마신 것' 등으로 판단하는 사람이 거의 대부분이다. 그러나 자신이 사장이 되어보면 영수증은 결코 '돈으로 변하는 마법의 종이'가 아님을 알게 될 것이다. 사용한 돈은 지출임이 분명하고, 겨우 이득을 보았을 때나 세금대책이 될 뿐이다.

또 반대로 직장인으로 얻은 경험이나 지식을 '주말사장'에 활용하면 상승효과로 더 멋진 일이 일어날 수 있다. '주말사장' 과 본업이 서로 상호작용해서 쌍방에 좋은 영향을 준다면 분명 당신은 직장에서도 승승장구하는 유능한 직장인이 될 것이다. 지금 시대가 요구하는 것은 사회의 간판에 기대지 않고 각 개인으로서 무언가 성공을 이뤄내는 사람이기 때문이다.

부업으로 해서는
안 되는 일

'주말사장'으로 부업을 할 때, 절대 해서는 안 되는 일이 있는데 크게 두 가지로 분류할 수 있다.

① 법률이나 규칙으로 금하는 일
② 규칙은 아니지만 자신에게 마이너스로 작용하는 일

우선은 ①로 분류되는 '해서는 안 되는 일'을 알아보자.

77

공무원, 일부 단체 소속의 직원은 부업을 해서는 안 된다

'국가공무원법'을 비롯 '지방공무원법'에 따라 공무원의 부업은 금지되어 있다. 하지만 일반 기업에 다니고 있는 직장인이라면 어떨까?

앞서 말한 대로 공무원을 제외한 모든 직장인은 직업 선택의 자유에 따라 쉬는 날이나 근무시간 외에 보내는 시간이 자유롭다. 그러나 회사 규정상 부업이 금지되어 있는 경우나 본업에 지장을 주는 경우라면 그것을 이유로 회사가 당신을 해고할 가능성도 있다.

그렇다면 왜 부업이 금지되는 것일까? 다음과 같은 염려 때문이다.

'부업을 하면 충분한 휴식을 취할 수 없어서 피로해지기 쉽다. 그로 인해 본업에서 실수를 한다거나 지각이나 결근이 증가할지도 모른다.'

'본업에서 취할 수 있는 회사의 내부 정보 등이 부업에 사용된다면 회사에게 불이익이 된다.'

반대로 말하면, 이 두 가지 점에 대해서 조심하기만 하면 부업을 해도 괜찮다고 생각할 수도 있지 않을까?

회사에서 매입한 정보를 매매해서는 안 된다

금융상품을 거래한 경우는 내부자 거래로 처벌을 받게 되고, 그 외의 경우도 회사 측에서 소송할 가능성이 있다.

계속해서 ②로 분류되는 '해서는 안 되는 일'에 대해서 알아보자.

회사 업무시간에는 부업을 해서는 안 된다

예를 들어 쉬는 시간이나 휴식시간이 있다고 해도 회사에 있는 시간에는 부업에 관계되는 작업을 해서는 안 된다. 그것이 부업을 위한 블로그나 SNS를 갱신하거나, 메일에 회신을 하는 일 등 아무리 '금방 끝나는 것'이라고 해도 절대 해서는 안 된다.

왜냐하면 에어컨이나 전기, 컴퓨터나 책상 등 회사 설비를 사용해서 부업을 하게 되는 것이기 때문이다. 조금 과장해서 말하자면 타인의 자본을 사용해서 자신이 돈을 버는 셈이다. 또한 회사에 부업이 들통 날 위험이 높아지며, 무엇보다 최소한의 도덕심을 지키지 않으면 안 되기 때문이다.

79

나는 직장에 다닐 때 회사차를 사용했기 때문에 회사 경비로 기름을 넣었다. 하지만 창업을 하고 나서는 내 돈으로 기름을 넣어야 한다는 사실에 한동안 적응하기가 힘들었다.

익숙함이라는 것은 이렇듯 무서운 것이다. 직장인이었을 때는 일할 수 있는 업무환경이 정비되어 있는 것을 당연하게 생각했지만, 그것들도 모두 회사가 경비를 사용해 준비해둔 것이었다.

특히 '주말사장'으로 벌이가 적은 동안에는 설비를 정비하는 것이 어렵기 때문에, 회사에서 해버리자' 하는 마음이 들지도 모른다. 그렇지만, 컴퓨터, 복사기, 전화, 회사의 휴대전화 등을 부업에 사용하는 것은 절대 하지 말아야 한다.

'주말사장'으로 변신하는 것은 타임 카드를 눌러서 회사 밖으로 나온 시간부터다.

잔업이나 휴일 근무를 거절해서는 안 된다

부업에 사용하는 시간을 만들기 위해 잔업이나 휴일 근무를 거절해서는 안 된다. '주말사장'을 하고 있는 동안은 본업에 의해 급료를 보증받게 되는 것이다. 직장인으로서 급료를 받는

주말사장으로 사는 법

이상, 회사의 규칙에 따라서 회사에 공헌하자.

사내 모임이나 회식을 거절해서는 안 된다

앞서 쓸모없는 술자리에는 참석하지 않는 편이 좋다고 말했지만, 회사의 회식은 전부 거절하지 말고 3번에 1번꼴로 참석하도록 하자. "사교성이 나쁘다"라는 말을 듣게 되면, 본업이 원활하게 진행되지 않을 가능성이 있다.

부업을 하고 있다는 사실을 동료에게 말해서는 안 된다

동료나 선배, 후배에게는 부업을 하고 있는 것을 말하지 않는 편이 좋다. 대부분의 경우 자신보다 돈을 더 벌고 있다는 사실을 내심 불편하게 생각할 것이다.

당신이 반대의 입장이라도 마찬가지일 것이다.

'나는 전력투구해서 본업만 열심히 하고 있는데 저 사람은 본업 80퍼센트, 부업 20퍼센트의 힘으로 일을 하고 있다. 하지만 급료는 똑같다. 더군다나 저 사람은 부업으로 또 다른 수입이 있다. 마음에 들지 않는다.'

특히 '주말사장'의 목적은 앞으로 독립, 창업을 하는 것이기 때문에 불필요한 적을 만들지 않는 편이 좋다. 반대로 응원해 주는 사람을 발견할 수도 있다. 부업의 수입이 본업을 상회하거나 슬슬 창업해야 될 때라는 생각이 든다면 조금씩 부업을 하고 있다는 사실을 주위 사람들에게 알려보는 것도 좋다.

'주말사장'을 시작하고 자신의 동기가 올라가기 시작하면 어떻게 해서라도 다른 사람에게 말을 하고 싶어질 것이다. 그럴 경우 같은 입장의 사람이 모여있는 장소나 부업 커뮤니티를 찾아 그곳에서 발산하도록 하자. 세미나나 사장이 모인 창업 기숙사에 가는 것도 좋은 예다.

동기를 계속 유지해나가는 데 그치지 않고, 귀중한 정보교환의 장소가 될 것이다. 보통 직장인의 생활로는 만나지 못할 사람이나 듣지 못할 이야기가 당신 앞에 펼쳐질 것이다.

감사의 마음으로
'창업가 뇌'를 키워라

월요일부터 금요일까지 직장인으로 일을 하고 휴일에는 '주말사장'으로 부업을 하고 있다면 본업의 수입을 '당연하다'고 생각하기가 쉽다.

좀더 단순하게 말하면 '아무것도 하지 않아도 수입이 들어오는 것'이라고 착각할 수도 있지만, 잠시 생각해보자.

매월 20만 엔의 급료를 받던 사람이 영업 성적이 나쁘기 때문에 17만 엔의 급료를 받았다. 직장인의 경우라면 '잠깐 기다려! 말도 안 돼!'라고 생각할 것이다.

하지만 '주말사장'의 시점에서 보면 어떨까? 일이 들어오지 않는다면 수입이 줄어드는 것은 당연하다. 직장인의 경우는 경영자가 은행에서 돈을 빌려서라도 전체를 조정해서 정해진 금액을 사원에게 지불하도록 마련하고 있다.

그 점을 이해하고 지금 일하고 있는 회사의 사장이나 경영자에게 '이번 달도 급료를 주셔서 감사합니다'라는 감사의 마음을 가지게 된다면 당신도 이미 훌륭한 '창업가 뇌'를 가진 셈이다.

 C·H·E·C·K·P·O·I·N·T

한국의 부업 현황
최근 취업 포털 '인크루트'가 직장인 582명을 대상을 한 설문조사에 따르면 전체의 17.7%가 현재 주된 직업 외에 다른 부업을 하고 있다고 밝혔다. 이는 2011년과 비교했을 때 4.5% 늘어난 수치로, 부업을 하는 이유로는 '월금만으로 생활하기 힘들어서'가 45.6%로 1위를 차지했다.

SUCCESS KEYS

SNS 활용법

소셜 네트워크 서비스SNS는 현대 비즈니스에 빠질 수 없는 툴이다. 그러나 불특정 다수의 눈에 노출되고 있다는 점에서 보자면 무방비한 상태라고 할 수 있다.

나는 SNS로 정보를 내보낼 때 부정적인 내용은 절대 쓰지 않는다. '블랙리스트 고객에게 걸려서 최악이었다'라고 썼다면 고유명사가 드러나지 않아도, SNS로 연결되어 있는 고객은 '저 사람이 나일지도 몰라'라고 생각하고 불안해할 것이다.

확실히 SNS는 사용하는 쪽이 잘못하면 스스로를 상처 입히게 되는 위험한 툴이다. 정보를 발신할 때는 불특정다수가 보고 있는 사실을 늘

의식해야 한다.

SNS를 이용하는 것은 당연히 비즈니스 때문이지만 여기서 직접적으로 상품을 판매해서는 안 된다. '친구'나 '아는 사람'을 상대로 장사할 마음을 노출하면 사람들이 나를 멀리하게 된다.

따라서 SNS에서는 자신의 상품에 관련성이 있는 정보를 제공하는 것으로 정하고, 기사 마지막에 홈페이지 링크를 걸어둔다. 비즈니스의 거점인 홈페이지로 유도하는 도구로 이용하면 충분하다.

마지막으로 하나 당부하고 싶은 것이 있다. SNS에는 타이밍이라고 하는 것이 있다. 지금 믹시mixi 소셜 네트워킹 서비스의 한 종류를 비즈니스로 이용하고 있는 사람은 거의 없을 것이고, 트위터도 때가 지난 감이 있다. 현 시점에서는 페이스북이 전성기를 누리고 있지만 앞으로는 어떻게 될지 모른다.

SNS에 지나치게 의존하면 그 영향력이 약해질 때 자신의 비즈니스도 발목을 잡혀버릴 것이다.

주말사장을 졸업하고 이제 창업을 하자

창업 준비를 진행하는 방법과 성공 포인트

金
FRI
31

土
SAT
1

日
SUN
2

일단 원만한 퇴사를
목표로 하라

　'주말사장'으로 하는 일이 본궤도에 올라서 언제라도 회사를 그만두어도 좋을 상황이 되었다면, 드디어 창업을 할 때가 된 것이다.

　창업에 앞서 직장인으로서 일하던 회사를 그만두려는 사람들에게 나는 언제나 다음과 같은 말을 해주고 있다.

"가능한 원만하게 퇴사하라."

"회사에 도움되는 일을 해주고 나서 그만두어라."

당시 사상 최연소의 상장기업 사장으로 유명해진 사이버 에이전트의 후지타 스스무 씨는 회사를 세우기 전에는 인재파견 소개를 하는 인텔리전스에서 일했다. 입사 후에 바로 1등 영업 사원이 되었고, 창업을 하기 위해 퇴사하는 그날까지 회사에 공헌하는 것을 멈추지 않았다고 한다.

당시 회장에게 회사를 그만두겠다고 이야기하자, "그만두면 곤란한데, 자네가 없다면 빈자리가 클 걸세"라고 말하며 만류했다고 한다. 하지만 창업의 의사가 강한 것을 알고는 "그렇다면, 나는 인텔리전스 경영자로서 자네에게 투자하겠네. 출자를 받아주게"라고 제안했다고 한다.

후지다 씨에게는 앞으로 세울 회사에 대해서, 게다가 경험도 적은 1년차 사장에게 "투자한다"는 말을 들을 정도의 실력과 신뢰가 있었던 것이다. 그 신뢰감은 회사를 위해 열심히 일한 것에서 비롯된 것임에 틀림없다.

언제나 열심히 하는 사람, 회사에 공헌하는 사람이 있다면, 다음에 그가 걸어가야 할 길도 응원해주고 싶은 것이 사람의 마음이다. 그것뿐만 아니라 실제로 원만하게 퇴사를 하고 창업한 사람 중에는 업무 제휴나 출자, 고객의 승계, 소개 등 어떠한 모습으로든 이전 회사로부터 협력을 받았다고 하는 케이스가 많다.

이것도 '창업가 뇌'로 생각해보아야 한다. 혹시 당신이 경영하고 있는 회사의 사원이 입사하고 나서 지금까지 월급만큼 일하고 있지 않는데도, 갑자기 "회사를 그만두고 독립하겠습니다" 같은 말을 한다면 어떻게 생각할 것인가?

혹은 그만두기로 결정한 즈음부터 본업에 공을 들이지 않아서 순식간에 성과가 떨어져버린다면 어떻게 생각할 것인가? 과연 다음 단계를 응원해줄 기분이 들겠는가? 마음이 붕 뜬 상태로 회사를 그만두거나 그만두기 직전에 일에서 손을 놓아버리는 식으로 지금까지 신세를 진 회사에 은혜를 원수로 갚지 말고, 원만한 퇴사를 하기로 마음 먹어보자.

당신의 창업을 가장 응원해주는 것은 지금 일하고 있는 회사의 동료들일지도 모른다.

회사를 그만두는
타이밍을 잡아라

그렇다면 과연 회사를 그만두는 가장 좋은 타이밍은 언제가 좋을까? 연수입 목표를 달성했을 때일까? 아니면 본업의 월수입보다도 부업의 수입이 더 높을 때일까?

나는 그것보다도 '기세'나 '정열'이라고 하는 더 감각적인 측면을 중요하게 생각해야 한다고 말하고 싶다.

'주말사장'에 기울이는 정열이 본업을 상회한다면, 그때가 바로 변화의 타이밍이다.

'주말사장'으로 열심히 일하는데 수입이 오르지 않는다면 정열도 생기지 않을 것이다. 반대로 부업으로 큰 금액의 매상을

올리게 된다고 해도, 두근거리지 않는다면 무리해서 창업할 필
요는 없다.

내 친구 중에는 부업만으로 연간 800만 엔 정도의 매상을 올
리는 사람이 있다. 직장인으로의 연수입은 650만 엔 정도다.
확실히 부업 쪽이 수입이 더 높다고 할 수 있지만, 그는 창업은
하지 않는다고 말했다.

그 이유를 물으니 "지금 하고 있는 직장에서의 일이 적성에
도 맞고, 이 정도 큰일은 지금 직장에서가 아니면 할 수 없을지
도 모르니까 그만두지 않으려고"라고 대답했다. 그리고 다음과
같은 말을 덧붙였다.

"하지만 혹시 쓸데없는 이동이 생기거나 불합리한 말을 듣거
나 하면 바로 그만둘거야. 지금은 혜택을 받고 있고, 내가 하고
싶은 일을 하게 해주니까 그만둘 필요가 없지만 각오는 해두고
있어. 돈 때문에 나를 팔고 싶지는 않아. 하지만 보통 직장인은
어쩔 수 없잖아. 그러니까 내가 나로서 존재하기 위해 하나 더
있을 곳을 마련해둔 셈이야."

그는 본업과 부업이라는 하는 개념을 뛰어넘어, 두 켤레의
짚신양립할 수 없는 두 가지 일을 혼자서 겸한다는 것을 의미하는 말―옮긴이 으로 균형

을 맞추고 있었다. 이처럼 어느 쪽 하나로 좁히기보다 양쪽을 모두 겸하는 게 성공하기 수월하다고 말하는 사람도 분명 있을 것이다.

중요한 것은 이제 부업이라든가 본업이라든가에 상관없이 사회에서 자신이 필요하다고 하는 필드를 2개 이상 만들지 않으면 살아남기 힘든 시대가 된 것이다.

지금, 회사를 그만두고 창업을 하려는 정열이 있는가?

지금부터 혼자서 회사를 경영해가려는 강한 의지가 있는가?

먼저 자신에게 질문을 던져보라.

 C·H·E·C·K·P·O·I·N·T

'주말사장'에 기울이는 정열이 본업을 상회한다면, 그때가 바로 변화의 타이밍이다.

자신의 사정만을
앞세우지 마라

　'주말사장'으로 내는 성과가 본업을 뛰어넘어 언제 창업해도 성공할 수 있을 것 같다는 자신이 있다면 서서히 퇴직의 수속을 밟아라. 그러나 정식으로 그만두는 시기에 관해서는 당연하지만 자신의 경우만 생각해서는 안 된다.

　회사에 따라서는 "이번 달까지만 회사에 다니고 싶습니다"라는 말에 "인수인계가 가능할 때까지, 최소한 반년은 그만두지 말아주세요"라고 말하는 경우도 있을 것이다.

　내 고객 중에 다음과 같은 사람이 있었다. 그는 창업을 하기 위해 회사를 그만두려고 결심했지만, 인수인계며 창업의 준비를 위한 유예기간을 생각해서 반년 정도 그 회사에서 더 일할 셈이었다고 한다. 그러나 퇴직 의사를 고백한 다음날, 상사에게 불려가 "퇴직한다며? 좋아, 이달까지 일하는 걸로 하지"라는 말을 들은 것이다.

그가 "아니오, 인수인계 업무도 걱정되고 하니 앞으로 반년은 회사에 더 있을 생각입니다만……"이라고 대답하자 "그건 자네 사정이지 않나? 회사로서는 반년 후에 그만둘 사람을 고용해도 아무런 이익이 없어. 마침 지금 인원정리를 해야 할 시점이니, 바로 그만두게나"라며 퇴직을 종용했다고 한다.

이 경우는 당연한 처사라고 말하면 당연한 처사다. 자신의 입장에서 반년 남았다고 생각한 시점에서 '창업가 뇌'가 되다만 것이라고 할 수 있다. 퇴직 의사를 밝히고 나면 그 시점에서 그만두게 되어도 전혀 이상하지 않다.

그는 결국 일을 그만둔 후, 매일매일이 일요일 같다며 업무가 없고, 할 일이 없는 게 꽤 힘들다고 토로했다.

그처럼 되지 않기 위해서도, 그만둘 때는 자신의 입장만 통용되지 않는다는 사실을 이해하고 '창업가 뇌'로 사고해보도록 하자.

창업의 단계

원만하게 퇴사하는 것이 가능하다면, 재빨리 창업 준비를 시작하자. 이 책은 독립 창업을 돕는 실용서가 아니다. 관련 서류 작성이나 수속 방법 등은 창업에 관한 실용서에 상세하게 해설되어 있으므로 그런 책들을 참고하길 바란다.

① 상호나 상점, 목적, 자본금액 등 법률이나 기록부 등에 기재하는 개요를 정한다.
② 회사대표인인감도장을 작성한다.
③ 법률, 신청서류를 작성한다.

④ 법률의 인정이나 법무국에서의 등기신청을 한다.

　여기까지 하면 사무수속은 종료된다. 회사에 전화를 놓는다거나 은행구좌를 개설하는 일 등은 이때 같이 하면 좋다. 다음은 실무적인 준비다.

- 명함 작성
- 홈페이지 작성

　이것들은 영업이라고 하는 측면에서 가장 중요한 도구다. 가능한 빠른 단계에 준비해두자. '주말사장'을 할 때 사용하는 것이 있다면 그것을 이용해도 상관없지만, 사업을 시작할 때 효과적으로 고객에게 어필하는 다양한 노하우를 익혀놓았기 때문에 가능한 리뉴얼하는 것이 좋겠다.

　자신의 고객이 될 사람이 어디에 있는지 모른다. 극단적이지만 지금까지 만난 사람 모두가 고객이 될 가능성도 있다. 그 사람 본인이 일을 의뢰하지 않더라도 친구, 지인, 가족이 고객이 될 가능성이 있기 때문이다.

그렇게 또 모르는 손님을 만나고 인연을 만들기 위해서라도 언제나 자신을 어필할 수 있는 명함이나 홈페이지를 보유하는 건 필수 사항이다.

또한 요즘 시대는 일을 의뢰하는 회사를 검색할 때나 어떤 회사에 발주할지를 검색할 때 대체로 인터넷을 이용해 홈페이지를 찾는다.

회사명으로 검색을 해서 홈페이지가 안 나오는 경우 '이 회사는 홈페이지도 없는 건가?' 하고 생각하게 되어서 모처럼의 일을 수주받을 찬스를 날려버릴지도 모른다.

한 번 더 말하지만 자신의 회사를 알리는 수단, 일을 발주 받을 찬스를 가능한 많이 만들기 위해서라도 명함과 홈페이지는 빨리 만들어서 많은 사람들에게 보일 궁리를 해야 한다.

홈페이지에 투자를
아끼지 마라

    당신이 웹디자이너로서의 기술을 가지고 있다면 상관없겠지만 그렇지 않다면 홈페이지는 아마추어가 아닌 프로에게 제작을 의뢰하자.

    제작비를 아끼기 위해 아마추어에게 일을 맡겨 질이 낮은 홈페이지를 만드는 것은 절대 피해야 한다. 홈페이지는 당신 자신이다.

    혹시 자신이 일을 발주하는 쪽이라고 상상해보자. 아무리 멋진 서비스를 제공한다고 해도 명함에 쓰인 주소에 들어가보니 '프로페셔널 하지 않고 손수 만든 느낌이 강하게 드는' 간단하고 쉬워 보이는 홈페이지라면, 분명 일의 발주를 망설이게 될 것이다.

홈페이지가 아마추어처럼 보이면 신뢰할 수 있는 회사로 보이지 않는다.

나는 월세가 싼 지역에 사무실을 두었지만, 홈페이지만큼은 제대로 경비를 지불하며 운영하고 있다. 왜냐하면 사무실에 오는 사람들은 제한되어 있지만, 홈페이지는 전국에서 사람들이 모인다고 생각하기 때문이다.

나는 홈페이지 제작과 업그레이드에 드는 비용을 영업경비로 취급하고 있다. 영업직 사원을 한 명 고용하는 비용과 홈페이지 업그레이드 비용을 비교해보면 후자 쪽이 훨씬 싸다는 사실은 명확하다. 영업직 사원은 일을 제대로 하는지 하지 않는지 알 수가 없지만, 홈페이지는 게으름을 피우지 않는다.

홈페이지 제작에 100만 엔이 들었다면 100만 엔 이상 이익을 불러오는 일을 해줄 것이다.

사무실을 빌리는 것보다 우선해서 해야 할 것이 바로 홈페이지 제작이다. 돈이 없다면 처음에는 집에서 일을 하는 등 어느 정도 수입이 전망되도록 만들어놓고, 그 시점에서 사무실을 장

4장 · 주말사장을 졸업하고 이제 창업을 하자

만해보자. 지금은 사무실이 필요 없는 노마드워크도 유행하고 있기 때문에, 자신에게 딱 맞는 창업 스타일을 발견해보는 것이 좋다.

앞서 말한 대로 홈페이지는 훌륭한 영업사원인 동시에 문의나 일을 수주받는 전화의 오퍼레이터 역할도 담당한다. 홈페이지는 24시간 365일, 묵묵히 일을 하는 훌륭한 직원인 셈이다.

C·H·E·C·K·P·O·I·N·T

서울시 희망창업 홈페이지 www.hopestart.or.kr

서울시에서는 예비창업자의 준비된 창업을 지원하고, 창업에 대한 다양한 정보와 전문컨설팅을 제공하는 '서울시 희망창업 홈페이지'를 운영 중이다.

- 업종, 시장분석, 창업준비 및 마케팅 등 기초창업 정보제공
- 생생한 창업 성공 및 실패사례
- 업종별 창업가이드 및 유망 아이템, Hot 점포 취재 및 인터뷰
- 전문컨설턴트의 온라인 상담 및 창업 멘토링
- 서울시 창업지원 정보제공 및 SNS를 통한 이용자 참여 및 콘텐츠 등록

창업가로
사고법을 전환하라

앞서 말한 홈페이지 제작을 포함해 비즈니스에서 100만 엔 정도를 비싸다, 아깝다고 말하는 사람은 창업가에 어울리지 않는다.

혹은 "그런 돈은 낼 수 없어요. 지불할 수 없어요"라고 말하는 사람은 아직 창업을 배울 시기가 아닐지도 모른다.

물론 100만 엔 정도 현금이 없어서 하는 말이 아니다. 아니 없어도 좋다. 오히려 돈을 지불하는 날까지는 무엇이라도 일을 해서 돈을 모아올 수 있는 사람, 미래의 수입을 예측해서 분할하는 교섭을 할 수 있는 사람이야말로 창업가에 어울릴 것이다.

성공하는 창업가는 "지금은 수중에 100만 엔이 없으니까 조금 더 기다리자"라고 말하고 기일까지 어디선가 돈을 끌어모아 온다. 돈은 '만드는 것'이라는 사실을 알고 있는 것이다.

그리고 100만 엔의 돈을 150만 엔으로 만든다. 이것이 비즈니스다. 하지만 그 100만 엔이 모두 자신의 돈일 필요는 없다. 누군가로부터 빌려서 이자를 내도 좋다.

영세 회사는 자본가가 경영을 같이 하는 경우가 대부분이지만, 본래는 자본가와 경영자는 각각 다른 역할로서 독립해야 한다. 즉 자본가에게서는 자본을 조달하고 경영자가 종업원을 고용해서 업무를 처리한 후, 벌어들인 이익을 자본가에게 배당하는 것이다.

"그러면 회사는 누구의 것인가?"라고 묻는 사람들에게 "종업원의 것", "고객의 것"이라는 대답을 들려주는 경영자가 많지만, 본래 이것은 전혀 다른 문제다.

창업을 하면, 지금까지 눈에 가려져 보이지 않았던 회사의 현실에 눈이 떠진다. 그것은 결코 무서운 것이 아니다. 당신의 재능과 본능을 불러 깨워주는 도구인 것이다.

처음 1년간은
혼자서 도전하라

'주말사장'으로 창업을 시작하는 경우, 나는 종업원을 고용하지 않는 '제로부터 스타트'를 추천한다. 그 이유는 크게 두 가지로 나눌 수 있다.

첫 번째는 경제적인 문제다. 아무리 '주말사장'으로 나름의 안정된 수입이 전망된다고 해도, 실제로 창업한다면 어떻게 될지 모른다.

만에 하나 종업원에게 월급을 지불하지 못하는 사태를 피하기 위해서 처음에는 종업원을 고용하지 않고 혼자서 시작해보는 것이 좋다.

실제로 나도 창업하고 나서 바로 영업자를 고용했지만, 결국 그가 급료만큼의 일을 해주지 않아 곤란했던 적이 있었다. 사람을 고용하는 것은 업무효율화와 연결된다고 생각하기 쉽지만, 개인 창업부터 시작하는 경우에는 처음 1년간 혼자서 도전해보는 것이 좋다.

두 번째는 경영자로서 기술을 높이기 위해서다. 창업했다면, 우선은 모든 업무를 한 번쯤 스스로 체험해보자. 회사의 규모가 커지면 종업원을 고용하게 되고, 다른 사람에게 지시를 할 수 있게 된다.

그때, 자신이 경험하지 않은 것을 지도할 수는 없다. 예를 들어 대충이라도 자신이 경험했던 것에 관해서는 적확한 지시를 할 수 있고, 제대로 갖추지 못한 것이나 부정이 있다면 바로 알아차릴 수 있다.

물론 일의 내용에 따라서는 나 말고 다른 사람이 없으면 할 수 없는 것도 있다. 그 경우는 정규로 직원을 고용하지 말고, 아르바이트 고용이나 업무 제휴로 일을 컨트롤하자.

정사원을 고용할 경우, 인건비는 바로 고정비다. 고정비는 이익이 나와도, 나오지 않아도 정해져서 나가는 돈이다. 사무실의 월세나 사원의 급료가 바로 여기에 해당된다. 창업해서 얼마 되지 않은 무렵에는 고정비를 최대한 줄여야 할 것이다.

아르바이트 고용이나 업무 제휴와 같은 형태라면 유동비가 되므로, 일이 안정되지 않고 들쑥날쑥해도 나름대로 대처할 수 있다.

사원이라면 설령 일을 하지 않아도 회사에서 컴퓨터를 사용하거나 전기를 쓰게 된다. 혹시 사장이 퇴근한 후에도 잔업이라고 말하고 계속 인터넷 서핑을 하거나, SNS를 체크하고 있을지도 모른다. 사장이 사내에 없을 때, 책상 위에 엎드려서 낮잠을 자고 있을지도 모른다.

그래도 고정비로 급료를 지불하지 않으면 안 된다니, 이 얼마나 어리석은 일인가?

친구와 동업하지 마라

정규 고용이 아니라 공동 경영자는 어떨까? 강연 수강자에게 이런 질문을 받는 경우가 많다. 하지만 나는 공동 경영자 역시 추천하지 않는다.

지금까지 다양한 창업가를 봐왔지만, 아무리 사이가 좋았다고 하더라도 일을 시작하면 의견이 부딪히거나 싸움을 하거나 해서 일반적으로 헤어지게 되는 경우가 많다.

회사를 설립할 때는 혼자보다 서로 꿈을 나눌 수 있는 동반자가 있어야 성공하기 쉬울 것 같다는 착각을 하기 쉽다. 하지만 현실은 다르다.

때문에 사이 좋은 친구를 잃고 싶지 않다면 더더욱 친구와 창업을 해서는 안 된다.

애초에 다른 사람과 함께 독립을 하려는 생각 자체가 비현실적이다. 창업은 고독해서 괴로운 것이다. 상담할 수 있는 사람이 없어도 혼자서 생각해서 행동하고 판단을 내려야 한다. 취미나 동호회 활동이 아니기 때문이다.

그렇지만 예외도 있다. 예를 들어 직장인으로 일하던 회사를 그만둔 상사가 같은 팀의 부하직원을 함께 데리고 퇴직한 경우다. 전의 회사처럼 상사와 부하직원이라고 하는 입장에서 독립 창업한 경우는 성공하는 케이스가 많다.

상사와 부하직원처럼 처음부터 상하관계가 성립되어서 오랜 기간 팀으로 행동해왔기 때문에 자연스럽게 역할이 분담된다.

반복적으로 하는 말이지만 친구 사이처럼 동등한 위치의 사람이 함께 모여 일을 하면 좀처럼 성과가 나지 않는다.

하지만 사업을 진행하면서 공동 경영자가 아닌 파트너를 만드는 것은 매우 중요하다. 서로가 다른 분야의 전문가라면 각자의 영역에서 백퍼센트 능력을 발휘하며 열심히 일할 것이다.

"능력이 같은데도 직위가 나보다 높다면 급료도 더 많겠지.

납득할 수 없어."

"물건을 많이 팔아왔는데도, 이 정도의 급료만 받는다니, 말도 안 돼."

이익을 내기 위해서 팀을 이루어 협력하면 가장 효율적으로 업무를 수행할 수 있으며 이와 같은 불만 또한 당연히 나오지 않을 것이다.

나도 다양한 업종의 창업가와 파트너 관계를 맺고 있다. 그들과 함께 일을 하는 것만으로, 나 혼자서는 상상도 할 수 없었던 것을 알게 되거나 하고 싶었던 것을 현실로 만들 수 있게 되었다.

이런 매일매일 역시 창업의 묘미라고 나는 단언한다.

법률과 세무 전문가는
반드시 필요하다

그렇다면 구체적으로 어떤 업종의 사람들과 파트너가 되면 좋을까? 절대적인 것은 아니지만 '법률'과 '세무'에 관련된 전문가가 가장 좋다. 작은 회사일수록 법률 전문가로 고문변호사를 만들어두자.

왜 고문변호사를 만드는 게 좋을까? 그것은 무언가 문제가 생겼을 때를 위한 것이 아니다. 흥미롭게도, '고문변호사가 있는 회사'라는 것만으로도 고객의 클레임이 줄어든다. 고문변호사의 명함을 홈페이지에 올려두는 것만으로도 효과가 있다.

법률 전문가와 파트너가 되었다면, 다음은 세무 전문가 순서다. 세무사는 회사를 운영하는 데 있어서는 없어서는 안 될 존재다. 단순하게 말하자면, 경리 업무가 쉬워지는 것이지만 세금을 둘러싼 신고 등 세무서를 상대로 하는 업무는 세무사가 해 주는 편이 일이 매끄럽게 진행된다. 확정신고서 준비나 기입에 몇날 며칠 시간을 빼앗길 바에야 그 시간에 본래의 업무를 하는 편이 훨씬 효율적이다.

세무사에게 지불하는 돈을 절약하지 말고 그 시간을 본업에 더해서 돈을 더 벌어야 한다.

 C·H·E·C·K·P·O·I·N·T

중소기업청 www.smba.go.kr

창업의 형태를 추진하는 모든 이들이 반드시 활용해야 하는 곳으로 특히 '알림소식'과 '지원정책'은 수시로 확인해야 한다. '알림소식' 메뉴는 관련 사업에 대한 공지사항과 경영에 필요한 뉴스 중심으로 구성되어 있으며, '지원정책' 메뉴는 금융, 기술, 판로·수철, 인력, 창업·벤처, 컨설팅, 여성·장애인 기업, 전통시장·소상공인, 지식 서비스 등으로 구성되어 관련 사업 내용을 손쉽게 확인할 수 있다.

가장 중요한 것은
콘셉트다

홈페이지는 딱 보면 한눈에 '이 회사가 어떤 비즈니스를 하고 있는가'를 바로 알 수 있도록 만들어야 한다. 그래야만 고객이나 앞으로 고객이 될 사람들이 계속해서 홈페이지에 방문하게 만들 수 있다.

어떤 비즈니스를 하고 있는지 알 수 없는 홈페이지를 만들게 되는 요건은 크게 두 가지로 나눌 수 있다.

'홈페이지 제작을 의뢰한 회사에게 정확한 지시를 내리지 않은 경우.'

'회사 콘셉트가 정리되지 않은 경우.'

후자는 애초 창업하는 데 반드시 필요한 것이다.

• 누구에게 무엇을 팔 것인가

• 왜 나는 이 상품을 취급하는가

• 고객은 왜 이 상품을 사는가

이 세 가지가 정리되지 않았다면 홈페이지를 만들지 말고, 창업에 대해 애초부터 다시 생각해봐야 한다. 상품이나 서비스를 팔아서 고객에게 돈을 받고 있기 때문에 사람들에게 도움이 되지 않으면 안 된다.

돈은 다른 사람의 지갑에서 지갑으로 이동한다. 조금 심하게 표현하자면 '다른 사람으로부터 돈을 빼앗는다'라고 할 수 있다. 그렇게 생각하면 나름의 각오가 필요하다. 때문에 콘셉트가 희미해진 것, 애매하고 모호한 것은 팔지 않아야 한다.

반대로 주제나 콘셉트라도 확실히 해두면 여간한 변화에 흔들리지 않는다. 확실하게 고객의 마음을 잡고 꽉 붙들어둘 수 있어야 험난한 비즈니스 사회에서 살아남을 수 있다.

온라인 30%, 오프라인 70%의 법칙

비즈니스에서는 홈페이지나 블로그, SNS 등 인터넷의 활용이 빠질 수 없다. 실제로 요즘 내가 주관하고 있는 세미나에 참석하는 사람들은 거의 인터넷을 경유해서 신청서를 내는 고객들이다.

그러나 나는 인터넷만으로 판매를 하는 일은 오래 가지 않는다고 생각한다. 정보창업가 등 인터넷에서만 비즈니스를 하고 있는 사람은 늘상 신규 고객을 계속 따라다녀야 한다. 인터넷만 바라보고 있으면 직접 만날 수 없기 때문에 고객의 재방문을 촉진하는 인간관계를 쌓기가 어렵다. 단골 고객을 키우지 않으면 비즈니스의 확대를 전망할 수 없다.

4장 • 주말사장을 졸업하고 이제 창업을 하자

나는 인터넷으로 연결된 고객과 직접 세미나에서 만나고, 그 후로 메일이나 뉴스레터를 정기적으로 보내는 등의 친목을 통해 오랜 시간 동안 관계를 유지하고 있다.

내 경우 인터넷은 어디까지나 고객과 서로 알기 위한 계기일 뿐이고, 직접 만나지 않을 때의 연결을 만들어주는 고객관리의 도구다. 비즈니스에서는 고객과 서로 얼굴을 마주하고 "고맙습니다"라고 감사의 기분을 전달하는 것이 가장 중요하다. 효율적인 면만을 생각한다면 메일이나 전화로 마무리하는 편이 더 좋다고 생각한다. 하지만 직접 만나는 이유는 신뢰관계를 쌓아 두면 새로운 일을 획득할 수 있는 기회가 넓어지기 때문이다.

중요한 것은 온라인과 오프라인 각각에 따르는 파워밸런스를 생각하는 것이다. 예를 들어 '인터넷은 신규 고객의 개척 장소로 삼고, 거기서 확보한 고객을 현실에서 키워간다'고 하는 자기 나름의 황금 밸런스를 발견해두는 것이 좋다.

5 장

창업에 반드시 필요한
돈 버는 영업의 비결

업무를 본궤도에 올리기 위해

가장 중요한 영업 노하우

金
31

土
1

日
2

첫 손님은
돈으로라도 확보하라

비즈니스에서 가장 중요한 것은 고객을 모으는 일이다. 이렇게 말해도 설립하고 바로 실적이 없는 회사에 업무를 의뢰할 고객은 많지 않을 것이다. 그렇기 때문에 회사의 실적을 만들기 위해서 처음에는 돈을 들여서라도 고객을 확보해야 한다.

이것은 '공짜로 일을 해준다'라는 말이 아니다. '손님을 모으고, 일을 하기 위해 투자를 한다'는 의미다. 전단지를 뿌리거나, 광고를 게재하거나 하는 판촉 활동을 예로 들 수 있다.

'그건 당연한 거잖아요'라고 생각했다면 지금부터 내가 전달할 창업 컨설턴트로서의 경험을 기본으로 하는 즉효성이 있는 방법에 주목하라.

우선 고객의 목소리를 확보하는 방법이다.

"이 상품은 원래 1만 엔에 판매하고 있지만 캠페인 기간 동안에만 무료로 드리고 있습니다. 그 대신 사용 후의 감상을 알려주세요. 고객님의 의견을 담아서 얼굴 사진과 함께 상품을 찍어 홈페이지나 전단지에 사용하게 해주시면 됩니다."

이것은 1만 엔으로 고객의 목소리를 사는 것이다. 이 사용자의 목소리를 회사 홈페이지에 게재하면 이것이 실적이 되고, 당신의 상품이나 서비스를 구입하려고 고민했던 사람들의 등을 떠미는 격이 될 것이다.

또 다른 방법으로는 무료 샘플을 배포해서 고객을 사는 것이다. 상품이 팔리지 않는 이유의 대부분은 그 상품이 어떤 것인지, 돈을 내서 살 가치가 있는 것인지 모르기 때문이다. 혹시 여러 사람들이 사용해보고 정말로 좋다고 생각하는 제품이라면 아마 바로 구입할 것이다. 이런 의미에서 무료 샘플 배포는 일정한 효과를 기대할 수 있는 판촉활동이라고 할 수 있다.

다음은 내가 창업하고 얼마 되지 않아 실행했던 방법이다. 나는 10만 엔을 이용해서 팩스 DM을 내보냈다. DM의 원고도 상품을 사줄 것 같은 고객의 리스트 작성도 전부 관련 분야의 전문가에게 의뢰했다. 이 시도는 결과적으로 20만 엔의 판매로 연결되었다. 처음에 10만 엔을 투자했기 때문에 10만 엔의 이익이 나온 셈이다.

이처럼 투자는 갑자기 전 재산을 투입하면 그저 도박이 되어버리기 때문에 초기에는 소액으로 준비하도록 한다.

이밖에도 돈을 벌고 있는 회사의 방법을 다양하게 연구해서 나만의 '판매 구조'를 발견해보자. 세미나의 경우, 다음과 같은 투자를 실행하는 케이스도 있다. 1일 20만 엔의 고액 세미나에 돈을 지불해서 참가하는 것이다. 동업 타사, 즉 경쟁하는 회사의 이익이 되는 세미나에 참가한다. '왜 일부러 그런 짓을 하는 걸까?'라는 의문이 든다면 '창업가 뇌'와 '역전의 발상'을 사용해보자.

이 세미나에 참가하고 있는 사람들은 모두 20만 엔을 지불하고 바로 그 장소에 있는 것이다. 즉 회장 안에는 고액의 돈을 지불하는 사람들이 넘치고 있다. 가혹한 이야기가 되겠지만, 돈이 없는 사람에게 돈을 받아내는 것은 어려운 일이다. 지금 당신의 1만 엔과 초등학교를 다닐 무렵의 당신에게 있어서의 1만 엔은 같은 금액이라고 해도 그 '가치'가 전혀 다르다. 1회 세미나에 20만 엔을 지불하고 오는 사람들과 서로 알고 지내기 위해서 그 네트워크에 자신을 투입하는 것이다.

그밖에 자신이 어울리고 싶은 사람이나 회사의 상품을 돈을 내서 구입하는 방법이 있다. 그 시점에서 상대방에게 있어 당신은 고객이 된다. 고객에게는 매몰차게 대할 수 없다.

실제로 우리 회사 홈페이지를 제작·관리해주고 있는 사람은 내 세미나에 돈을 지불해오고 있는 사람이다. 자주 세미나에 참석해 조금씩 친밀해졌고, 어느 날 "마츠오 씨의 홈페이지를 만들고 싶습니다"라고 제안해준 것이다.

'몇 번이나 세미나에 참석해주었고, 값비싼 참가요금을 지불한데다가……' 하는 생각이 들어 제작을 의뢰하게 되었다.

이 경우는 나의 사업과 전혀 접점이 없었기 때문에 잘못된 결과를 불러오지는 않았다.

구매를 독촉하지 않고
물건을 파는 마법

오늘을 사는 우리는 풍족한 생활에 익숙하다. 주위에는 다양한 상품과 서비스가 넘쳐흐르고 있다. 그런 까닭에 고객은 물건을 팔아넘기는 것에 질려버린지 오래다. 수많은 것들 중에서 자신의 눈으로 봐서 좋은 것, 자신에게 어울리는 상품이나 서비스를 찾길 원한다.

당신도 이와 같은 경험이 있지 않은가? 옷을 사기 위해 방문한 가게에서 점원에게 "무엇을 찾으십니까?"라는 질문을 받는 순간, 왠지 모르게 기분이 나빠져서 "아뇨, 별로 아무것도……"라고 답하고 허둥지둥 가게를 나와버린 경험이 있을 것이다.

이것은 말을 붙인 순간, '억지로 사야만 할 것' 같은 기분이 되어버리기 때문이다. 사람은 누구의 권유로 물건을 사는 것이 아니라, 자신의 의지로 선택한 상품을 사고 싶다고 생각한다.

대형 가전마트에서 실적이 좋은 점원은 이와 같은 고객의 심리를 이해하고 있기 때문에, 고객이 손을 들어 자신을 부를 때까지 근처에 가지 않는다고 한다. 고객이 만족할 때까지 상품을 고르게 하고, 마지막에 구매를 촉진하도록 자극한다. 그것만으로도 매상은 전혀 달라진다.

내 경우, 세미나에서 서비스의 안내를 하는 것이지만 "설명은 했지만 일부러 구매하지 않아도 됩니다"라는 방식을 취하고 있다. 이상한 일이지만 "사지 않아도 된다"고 말하면, 고객은 반대로 마음에 들어하는 것 같다.

"사주세요"라고 말한 시점에서 고객은 "살 만한가?"라고 반문하게 된다. 그렇기 때문에 "사지 않아도 됩니다"라고 말하는 자세로 영업을 하면, 자신이 사지 않아도 팔리는 물건이구나 하고 반대로 생각해서 그 상품이 머릿속에서 떠나지 않게 되어버린다.

그렇다면 고객의 선택으로 상품이나 서비스를 팔기 위해서는 어떻게 해야 할까? 우선 상품의 자세한 정보를 게재하는 홈페이지가 반드시 준비되어야 한다. 고객이 보고 싶을 때 볼 수 있도록, 조사하고 싶을 때 조사할 수 있도록, 사고 싶을 때 살 수 있는 수단을 확보해두는 것이다.

전단지 역시 배포한 것만으로도 고객에게 '상품을 구매하도록 밀어붙이고 있다'라는 느낌을 주기 때문에 반대로 보지도 않고 버려버린다.

그러나 홈페이지라면 원래부터 상품에 관심을 가진 사람이 여러 방면으로 조사를 해서 접근한다. 때문에 실제로 만나 명함을 교환하는 등의 방식으로 홈페이지로 유도해, 고객이 상품을 천천히 판단하도록 하는 것이 가장 좋은 방법이다.

그대로 방치해서 연락이 오기만을 기다리지 말고 타이밍을 예측해서 메일이나 전화로 "이 상품은 어떻습니까?"라고 등을 떠밀어주는 것도 나름의 좋은 방법이다.

고객을
불공평하게 다뤄라

언제나 이용해주고 있는 고객과 처음 방문해서 고객이 된 사람, 당신이라면 공평하게 취급하겠는가? 그렇지 않다면 어떤 쪽을 편애하겠는가?

나는 "비즈니스에서 성공하고 싶다면, 몇 번씩이나 이용해주고 있는 고객, 혹은 대량으로 상품을 구입해준 고객을 편애하라"고 말한다.

근처의 미용실에서 다음과 같은 캠페인을 한 적이 있었다.

'처음 오신 고객분께는 커트 요금 50퍼센트 할인!'

이것은 명확하게 잘못된 패턴이다.

혹시 당신이 그 미용실의 단골이라면 어떻게 생각하겠는가? 언제나 이용하고 있는데도 자신은 일반요금을 지불하지 않으면 안 되고, 처음 이용한 사람은 50퍼센트 할인이라는 서비스를 받는 것이다. 무언가 손해 보는 기분이 들지 않겠는가? 이것은 단골 고객을 떠나게 하는 결과를 초래할 뿐이다.

신규 고객만을 추구하는 것은 장사의 기본을 알지 못하는 것이다. 기존 고객, 단골 고객이야말로 소중히 여기고 대우해야 한다. '신규 고객은 50퍼센트 할인!'이라고 하는 캠페인은 얼핏 보기에는 효과적이지만, 일시적인 고객을 확보하는 임시 방편일 뿐. 지속적인 효과를 기대하기 어렵다.

물론 거기에서 두 번째, 세 번째 이용으로 이어져서 단골 고객이 될 가능성도 있지만, 애초부터 초기요금의 저렴한 가격에 반응했던 손님들이기 때문에 또 다른 저렴한 가게로 이동해버릴 수도 있다.

그렇다고 해서 '신규 고객을 소홀히 하라'는 의미가 아니다. 단골 고객에게는 단골 고객 전용의 서비스를, 처음 오는 고객에게는 기존 고객과는 다른 대접을 하면 된다. 일반적인 접객이나 서비스로는 안 되는 것이다.

처음 온 고객들은 정중하게 대하고 단골 고객이 되게 이끌어서 더욱더 서비스의 수준을 높여가야 한다.

그렇게 하면 단골 고객은 계속 특별한 서비스를 받고 싶어하기 때문에, 다른 경쟁 업체로 옮길 마음이 생기지 않고 다음에도 당신의 회사를 이용해줄 것이다. 그뿐만 아니라 친구나 지인을 데리고 오는 경우도 있다. 또 신규 고객이 그런 단골용의 서비스를 보고, '부럽다. 나도 저런 서비스를 받고 싶어'라고 생각하게 될지도 모른다.

이런 식으로 고객끼리 경쟁하게 만드는 시스템을 구축하는 것이 가장 현명한 비즈니스 방법이다. 회사의 팬을 많이 만들어서 '나야말로 이 회사의 가장 큰 단골!'이라고 생각하게 만들 수 있다면 당신의 회사는 점점 수익이 늘어갈 것이다.

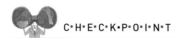

C·H·E·C·K·P·O·I·N·T

신규 고객과 단골 고객의 차별화된 서비스를 활용하고, 고객끼리 경쟁하게 만드는 시스템을 구축하라

고객의 친구는
모두 고객이다

단골 고객이 된 고객에게 다시 새로운 고객을 데리고 오게 만드는 기술이 있다. 바로 '고객의 친구는 모두 고객이다' 작전.

앞서 '판매에 유용한 SNS 도구와 활용법'에서 설명한 내용을 떠올리면서 다음의 내용을 살펴보자.

'끼리끼리'라고 하는 단어가 표현하는 대로, 고객의 친구나 지인, 고객이 소속되어 있는 커뮤니티에 있는 사람은 고객과 공통된 속성, 취미, 기호를 조금씩 가지고 있을 것이다.

당신이 고양이 간식을 판매하는 회사를 경영하고 있다고 하자. 당연히 고객은 고양이를 키우는 사람이다. 분명 고객은 근처의 고양이를 좋아하는 사람들과 교류가 있을 것이다. 혹은 블로그를 운영하면서 관련 정보를 제공하고 있을지도 모른다.

거기서 당신의 회사 상품을 '이거 매우 좋아요!'라고 소개해준다면 어떨까? 많은 돈을 사용해서 불특정다수의 사람들을 위한 광고를 만드는 것보다 확실한 효과가 있을 것이다.

고객에게 새로운 고객을 소개해달라고 하려면 우선 '좋은 상품이나 서비스를 제공한다'는 것이 전제되어야 한다. 그리고 기존의 고객이 누리는 것과 같은 서비스를 준비해두자. 예를 들어 "고객을 소개해주신다면 일반적으로 3,000엔 가격의 상품을 무료로 서비스해드립니다", "새로운 고객과 와주신다면 1인분의 요금은 저희가 제공해드립니다" 등등.

새로운 고객이 되는 사람의 입장에서도 전단지 등의 광고보다 실제로 체험해본 사람의 의견을 더 신뢰할 수 있다.

"친구가 좋다고 말했기 때문에 분명 좋을 거야. 시험 삼아 사용해볼까?"처럼 저항감이 비교적 적은 상태에서 상품이나 서비스를 구입하게 될 것이다. 입소문도 이와 같은 심리를 이용한 구조다.

클레임이야말로 기회다

고객이 늘면 그 다음으로 당신을 가로막는 것은 '클레임' 문제다. 클레임에는 두 가지 종류가 있다. 첫 번째는 '기회로 연결되는 클레임'으로 보이지 않았던 불편이나 좋지 않은 점을 지적 받아서 보다 좋은 상품이나 서비스로 개선할 수 있기 때문에 매우 고마운 의견이라고 할 수 있다.

상품이나 서비스를 이용하고 나서 불만을 제기하거나 혹은 만족하지 못한 경우라도 클레임을 말하는 사람은 극히 일부분이다. 대부분의 사람은 직접 클레임을 말하지 않고, 그 상태로 두 번 다시 이용하지 않는다. 이런 사람들을 '할 말을 못하는 고객', '침묵고객'이라고 부른다.

그렇기 때문에 수많은 클레임이 나오는 것은 실제로 걸려온 클레임 수의 몇 배에 달하는 고객들이 그저 스쳐 지나가 버렸음을 의미한다. 따라서 고객의 클레임에는 진지하게 귀를 기울여야 한다.

두 번째는 고발함으로써 이익을 얻으려고 하는 사람들의 클레임으로 '악의가 있는 클레임'이라고 부를 수 있다.

예를 들어, "이 상품을 먹었더니 배가 아팠다. 치료비를 부담하라", "이 서비스 때문에 피해를 입었다. 배상금을 지불하라" 등이 있다. 무엇보다 이런 문제가 발생하지 않도록 미리 대책을 준비하는 것이 중요하다. 악의가 있는 클레임에 대한 대처 방법으로는 다음과 같은 것들이 있다.

• 고문변호사를 붙인다.
• 고가 상품의 경우, 반드시 계약서를 작성한다.

'고문변호사가 붙어 있는 회사'라고만 해도, 이렇게 악의를 가진 고객을 곁에 오지 못하게 하는 효과가 있다. 따라서 나는 고문변호사를 고용하는 것을 강력 추천한다.

또한 고가상품을 취급하는 경우에는 계약서를 첨부한다거나 혹은 보증규정을 정하고 나서 보증서를 첨부한다. 단지 서류 한 장에 불과하지만, 계약서가 있는 것과 없는 것은 큰 차이가 있다. 소송을 당했을 때 도움이 되는 것뿐 아니라 고문변호사를 둔 것과 같은 위험방지의 효과가 높다.

실제로 나의 회사에서도 10만 엔 이상의 컨설팅에 관해서는 변호사가 만들어준 계약서를 교환하는 것을 원칙으로 하고 있다.

C·H·E·C·K·P·O·I·N·T

악의가 있는 클레임에 대한 대처방법
- 고문변호사를 붙인다.
- 고가 상품의 경우, 반드시 계약서를 작성한다.

고객을 선택해도 괜찮다

'싫은 고객'이라고 말해도 개인적인 감정으로 '좋다', '싫다'를 판단해서는 안 된다. 왠지 싫은 예감이 드는 고객에게는 상품을 팔지 않는 편이 좋다는 의미다.

앞서 말한 것처럼 직감적으로 '싫다'고 생각한 고객이나 마음이 가지 않는 조건의 경우, 앞으로 무슨 문제가 생기거나 귀찮은 사태가 발생할 가능성이 높기 때문이다.

이 '싫은 예감'은 어느 정도 경험을 쌓지 않으면 알 수 없는 것일 수도 있다. 그렇지만, 조금이라도 걸리는 부분이 있다면 무리하게 일을 진행하지 않는 편이 좋다.

또한 "나는 굉장한 사람이야", "나와 함께 일한다면 돈을 벌수 있어"라는 등 자신을 필요 이상으로 과장하는 행동을 하는 사람, 어딘가 사기꾼 같아서 간단하게 다른 사람을 배신할 것 같은 사람과 엮이는 것을 피해야 한다. 사람으로서 엮이고 싶지 않다거나 피하고 싶은 사람과는 일을 하지 않는 편이 상책이다.

그리고 최초 가격에서 가격 깎기를 요구하는 고객도 트러블과 연결될 가능성이 높다. 우선은 이쪽의 적정가격을 제시해보자. 그래서 경합 중인 타사 쪽으로 빠져나간다면 그것도 괜찮다.

그런 의미에서 나는 '고객은 선택해도 좋다'고 생각한다.

작은 실수로
큰 실수를 막는다

아무리 성실하게 일을 하고, 싫은 예감이 드는 고객과 상대를 하지 않아도 우리는 인간이기 때문에 누구나 작은 실수를 할 수 있다. 작은 실수를 경험해두면 큰 실수를 하지 않고도 끝낼 수 있다.

나는 평소 아이에게 "친구들끼리 사소한 다툼은 해도 괜찮아", "평소에도 다쳤을 때의 아픔을 조금씩 생각해두는 편이 좋아"라고 말한다. 넘어져 무릎에서 피가 날 때도 '이렇게 거친 행동을 하면 상처가 생겨서 피가 나오는 거구나. 아프다'라고 자각할 수 있다. '통증'을 알고 '공포심'이 싹트는 것으로 다음부터는 크게 다치지 않고 적당하게 행동하는 것을 깨닫게 된다.

비즈니스도 마찬가지다. 예를 들어, 어떤 트러블이 생겨서 10만 엔을 손해보았다고 하자. 그렇게 되면 '다음부터는 반드시 계약서를 쓰자'고 대안을 생각할 것이다.

이렇게 작은 실수를 겪지 않고, 갑자기 2,000만 엔의 매출을 놓쳐버린다면 어떨까? 그것만으로 작은 회사는 무너질지도 모른다.

실제로 나도 이런 경험이 있다. 지금에 와서 생각하면 그 고객을 처음 만난 순간부터 왠지 싫은 예감이 들었던 것 같다. 창업한 지 얼마 되지 않아 매출 올리기에 급급했던 나로서는 다소 무리를 해서라도 반드시 잡고 싶은 고객이었다.

"책을 내고 싶다"는 중년의 여성을 대상으로 출판 컨설팅에 착수했지만 갑자기 "계약을 취소한다", "돈을 돌려달라"고 요구하기 시작했다. 계약서도 있었기 때문에 나는 "그럴 수 없다"고 퇴짜를 놓았지만 그 고객은 "법원에 고소하겠다"라고 말했다. 받은 돈을 돌려주는 것으로도 마무리가 되지 않아서 결국 두 배의 금액을 지불하게 되었다. 재판을 하면 이길 수 있었지만, 그런 사람과는 가능한 한 빨리 연을 끊고 싶었기 때문에 최대한 요구하는 금액을 지불하고 일을 마무리 지었다.

이 사건 이후에 좀더 분명하게 계약서를 작성하고, 트러블을 일으킬 만한 고객과는 거리를 두게 되었다. 지불한 금액은 결코 적은 돈이 아니었지만, 그런 의미로 이 실수는 매우 좋은 공부가 되었다.

때문에 창업해서 매출이 꾸준히 올라가고 실수가 하나도 없는 상황일 경우, 오히려 긴장감을 늦추지 말아야 한다. 작은 실수는 괜찮다. 회사를 경영하면서 최악의 케이스를 상정하는 것은 절대적으로 필요한 일이다.

하지만 흥미롭게도 최악을 상정하면 의외로 '좋지 않은 것'은 그 정도로 많지 않다는 생각이 떠올라 적극적인 사고를 할 수 있게 된다.

예를 들어 '아무리 고객이 화가 나서 미치고 팔짝 뛰어도 목숨은 버리지 않을 것이다'라든가 '100엔 정도의 손해라면 어떻게든 만회할 수 있을 거야', '만일 개인파산을 해도 밤낮 가리지 않고 열심히 일하면 어떻게든 생활은 할 수 있을 거야' 등 마이너스 발상을 끝까지 파고들어서 플러스로 전환하게 된다.

물론 가족이나 직원에게 피해를 끼치는 것을 피할 수 없을

지도 모른다. 그러나 그 이외에도 당신에게 있어 '최악의 사태', 즉 '큰 실패'라는 것은 없지 않을까?

창업가라면 실수가 두려워서 움찔거리며 일을 하는 것보다는 '여간한 실수에는 흔들리지 말자!'라는 정도의 각오를 가져야 한다.

성공한 사람들은 실패를 해도 그것을 계기로 성장하고 더욱 더 비상한다. '실패는 성공의 어머니'라고 하지 않는가. 중요한 것은 같은 실수를 반복하지 않는 것이다.

다카하시 히데키

도쿄증권거래서 제1부 상장 기업 서점 체인 본부에서 점포 운영, 운영지도, 재고개선, 점두 이벤트 등에 함께 일한 경험을 가진 '서적판매의 프로페셔널'이다. 현재는 유통컨설턴트로 독립했다.
자신이 진심으로 하고 싶은 것은 무엇인가를 고민할 때, 주말사장이라는 길이 보였다.

왜 주말사장을 시작했는가?

근무하고 있던 회사는 사풍이 좋고, 큰 업무도 책임지고 있어서 매일 매일 충실하게 보냈다. 회사에 대한 불만은 없었지만, 마음 한구석에 '이대로 안정된 환경에서 응석부려도 좋은 것인가?' 하는 장래에 대한 막연한 불안이 늘 존재했다.

자신의 미래를 생각할 때마다 '회사의 업무가 정말로 내가 하고 싶었던 것인가?' 하는 질문이 떠올랐다. 불황인 지금, 회사에 충성을 맹세한다고 해도 회사가 평생 뒤를 돌봐준다는 보장은 어디에도 없었다.

'앞으로는 스스로 돈을 버는 힘을 기르지 않으면 안 된다'고 생각해서 회사 업무를 하면서 독립할 준비를 진행하게 되었다.

주말사장으로 어떤 내용의 일을 하고 있었는가?

IT회사의 영업 컨설팅과 인터넷 유통 컨설팅을 하고 있었다. IT회사에서는 클라이언트에게서 잠재적인 니즈를 끌어내는 방법을 어드바이스하고, 영업 메뉴를 작성하여 영업맨과 동행하는 영업 컨설팅, 사원 연수 등을 주로 기획했다.

어떤 식으로 클라이언트를 개척했는가?

평소 잘 알고 지내던 업체의 사장에게 영업으로 곤란을 겪고 있다는 상담을 받고, "나라면 이렇게 하겠다"라는 제안을 한 것을 계기로 "꼭 좀 도와주었으면 한다"는 말을 들었다. 이것이 주말사장으로 활약을 시작한 계기가 되었다. 그 업무를 진행하는 태도가 좋게 평가되어 같은 영업적인 면에 대해서 고민을 가진 클라이언트들을 다양하게 소개받았다. 주어진 일로 확실하게 성과를 올려 신뢰를 얻어서 착실하게 모객을 늘려갔다고 생각한다.

물론 본업인 회사의 일에도 전력 투구해서 성과를 냈다. 본업에서 쌓아올린 클라이언트와의 신뢰관계가 주말사장의 일을 크게 도와주었다.

> **회사를 그만두고 창업을 해서 좋았던 것은 무엇인가?**

무엇보다도 클라이언트의 기쁜 얼굴을 보게 되면 보람을 느낀다. 그로 인해 내가 성장했다는 사실을 실감할 수 있다. 나 자신이 사장이니까 성과를 올리면 상응하는 수입을 얻어갈 수 있고, 클라이언트의 반응도 직접적으로 볼 수 있다. 회사 조직의 간판으로 일하고 있을 때도 물론 보람을 느낄 수 있었지만, 직접적인 성장을 실감하는 기쁨은 창업에서 비로소 느낄 수 있다.

또한 주말사장으로 실적을 쌓아가며 인맥을 굳건하게 만들어가면서 준비를 확실히 해두어서 독립 후의 자신을 떠올릴 수 있었기 때문에 안심하고 스타트를 결정할 수 있었다.

6장

지속가능하고 효과적인
홍보의 모든 것

돈을 벌기 위해 필요한 광고 선전의 노하우

金
FRI
31

土
SAT
1

日
SUN
2

세일즈와 마케팅은
다르다

자주 혼동되기 쉽지만, 세일즈와 마케팅은 다르다. 간단하게 말하면 전단지를 배포하는 것이나 홈페이지를 만드는 것, 소개를 받아 손님을 상품의 눈앞까지 데리고 오기 위한 시책이나 구조를 만드는 것이 마케팅이고, 상품을 설명해서 최종적으로 사게 만들어 계약을 얻어내는 것이 세일즈다.

예를 들어 내 일의 경우, 마케팅보다 세일즈로 손님을 불러들이며 세미나가 세일즈 장소 중 하나로 사용된다.

중소 영세기업의 경우는 세일즈를 시행하는 영업맨이 마케팅도 겸하고 있는 경우가 많지만 큰 회사의 경우는 영업맨과 마케팅 부문의 입문이 다르다. 마케팅 부문 스태프가 시장조사를 해서 광고, 선전을 하고 거기에 반응해주는 사람에 대해서 영업맨이 상품 설명에 주력을 다해서 판매를 마무리한다. 즉 '리서치 부문'이 '마케팅'이고, '계약을 한다'는 것이 '세일즈'로 각각에게 필요한 스킬이 다르다. 우선은 이 역할 분담을 혼동하지 말아야 한다.

마케팅을 확실하게 해두지 않은 상태에서 세일즈를 하는 것만으로 상품이 팔릴 리 없다. 예를 들어 신축물건을 취급하는 부동산회사에서 지불할 능력이 없는 사람에게 주택을 추천해도 뾰족한 수가 없는 것이다. 결국 세일즈를 위한 비용과 인건비나 그 밖의 온갖 비용이 헛되게 될 뿐이다.

가능한 효율 좋게 이익을 올리는 것을 추구하는 비즈니스 세계에서는 고객이 되지 않는, 즉 상품을 살 수 있는 능력이 안 되는 사람을 상대하는 것만큼 쓸모없는 일은 없다.

우리 회사의 상품이나 서비스를 효율적으로 판매하기 위해서는 어떤 마케팅이 효과적이며, 어떤 방식의 세일즈를 진행하면 계약을 성사시킬 수 있을지 확실히 공부해두자.

고객이 원하는 것은
상품에 얽힌 스토리

선택의 폭이 점점 다양해지고 있는 요즘, 상품이 가진 힘에만 의지해서는 좀처럼 매출을 올릴 수가 없다. 그렇다면 무엇이 필요할까?

답은 '스토리'다.

자동차 판매의 경우를 예로 들어보자. 차는 이동을 위한 수단으로 필요한 상품이다. 그렇다고 해서 판매하는 측이 "이 차는 ○○마력으로 최고 속도는 시속 ○○킬로미터이며, 경량 알루미늄휠을 사용하고 있는 등등……"이라고 이야기를 하면, 어지간한 자동차 마니아가 아니고서야 반응하지 않을 것이다.

그것보다도 "고객님은 자녀가 있으시겠지요. 가족 모두가 캠핑을 가자고 하면 아이들도 분명 좋아하지 않겠습니까? 캠핑을 가려면 2도어의 스포츠카보다 차 속에서도 아이들이 편안하게 잠들 수 있도록 넓은 박스형 차가 더 좋겠죠. 그런 상황을 고려했을 때 이 차는 어떠십니까?"

자동차가 가지고 있는 기능, 그것이 '상품력'이라면 자동차로 아이들과 함께 캠핑을 가서 가족과의 관계를 끈끈하게 하는 것, 이것이 바로 '스토리'다. 이런 식의 '스토리'를 전개해나가기 위해서는 상품을 어필하는 타깃의 속성을 확실히 이해할 필요가 있다.

하나의 예를 더 들어보자. 신축 맨션을 파는 영업맨은 부부가 모델하우스를 견학하러 온 경우, 부인에게 부엌이야기만 한다고 한다. 대체로 남편보다 부인이 집에 있는 경우가 많고, 게다가 대부분 부엌에서 시간을 보내기 때문이다.

"여기를 좀 봐주세요. 선반이 조금 낮은 위치에 붙어 있기 때문에 받침대를 사용하지 않아도 편하게 선반 속 물건을 꺼낼 수 있답니다", "식기세척기가 붙어 있기 때문에 식사 후에도 부인께서 직접 설거지를 하지 않아도 괜찮아요. 지금까지 설거지

하는 데 쓰인 시간을 가족분들과 함께 TV를 보면서 즐겁게 보낼 수 있답니다."

이 스토리에 의해서 고객과 상품을 손에 넣은 영업맨의 모습을 쉽게 상상할 수 있을 것이다. 고객이 원하는 것은 상품이 아니라 두근두근거리는 스토리다.

'애매모호한 것보다 기능적인 면이 훨씬 더 중요하다.'

이렇게 생각하는 사람들도 있을 것이다. 확실히 기능면에 있어서 상품의 힘은 중요하다. 애초부터 상품력이 없는 상품은 팔리지 않는다. 그러나 합리성만을 추구한다는 것이야말로 팔리지 않는 이유다.

"옷 같은 것, 더위나 추위를 피할 수만 있다면 매일 똑같은 것을 입어도 괜찮잖아."

이것이 합리적인 생각이다.

하지만 거기에 "좋아하는 사람에게 좀더 잘 보이고 싶다", "예쁘고 멋지게 보이고 싶다", "스타일 좋은 사람이라고 불리고 싶다" 등과 같은 이야기가 첨가되고 나서야 사람은 옷을 사는 것이다.

다른 상품도 마찬가지다. 상품을 팔고 싶다면 눈앞의 이익만을 추구하지 말고 상상력을 키워서 그 상품이 아니면 안 되는 이야기를 만들어내야 한다. 그것이 결과적으로 높은 매상과 연결된다.

C·H·E·C·K·P·O·I·N·T

한국콘텐츠진흥원 www.kocca.kr

1인 창업의 사업 대상 및 추진 목적을 고려할 때 콘텐츠 관련 분야는 1인 창업의 주요 분야이며 또한 2011년 9월 30일 제정된 '1인 창업 육성에 관한 법률 시행령'에 따르면 "기존 1인 창업 업무와 문화 산업과 관련한 업무를 한국콘텐츠진흥원에 위탁할 수 있다"라고 명시되어 있다. 콘텐츠를 사업 내용으로 하는 1인 창업가들은 한국콘텐츠진흥원의 공모 사업과 지원 내용 등을 꾸준히 확인해야 한다.

규모가 작을수록
브랜딩이 중요하다

상품에 스토리를 담아서 파는 것은 하나의 브랜딩이다. 작은 회사일수록 이 브랜딩이 중요한 요소가 된다. 브랜드의 힘이 있는 회사일수록 성공할 수밖에 없다.

브랜드라고 하는 것은 자신이 질릴 무렵에서야 고객에게 겨우 인식된다. 홈페이지의 접근 수나 신규 고객의 수가 늘지 않는 등의 이유로 브랜드 CI나 홈페이지 디자인을 아무렇게나 자주 바꾸는 회사가 있지만, 그것은 크나큰 실수다.

노출만으로 '이 CI는 저 회사의 것'이라고 인식되어지기 위해서는 오랜 시간이 걸릴 수밖에 없다.

회사도 마찬가지다. 나 역시 '마츠오 씨는 컨설턴트다'라고 겨우 고객에게 알려진 무렵을 기억하고 있다. 여기서 내가 "컨설팅 사업은 질렸으니까 다음 달부터는 부동산을 시작하자"고 말해서는 안 되는 것이다. 일에 질렸다고 해도 간단하게 파는 상품을 바꿔서는 안 된다.

물론 지금까지 해온 업무부터 파생된 비즈니스를 시작하는 것은 '사업 확대'이기 때문에 전혀 문제가 되지 않는다. 큰 틀이 있고, 거기에 부속되는 비즈니스를 시작한다. 예를 들어 화장품을 팔고 있던 회사가 건강식품을 취급하기 시작하는 것은 무리가 없다.

하지만 관련성이 없는 업무 내용으로 사업을 확대해서는 안 된다. 어떻게 해서라도 전혀 상관없는 일을 하고 싶다면 지금까지의 사업은 계속 유지하고, 다른 브랜드를 세우는 방법 등 전략적으로 진행하는 것이 좋다. 자신이 하고 싶은 일에 고객을 맞추려고 하면, 고객들은 거기에 위화감을 느낀다.

유명한 이야기지만, 유니클로가 일시적으로 채소 판매 사업을 시작했던 적이 있었다. 유니클로의 채소 사업이 실패한 것에는 다양한 원인이 있겠지만, 가장 확실한 이유 중 하나는 바

로 지금까지 해온 사업과 다른 비즈니스를 시작하는 것에서 고객의 신뢰가 무너졌기 때문이다.

값싸고 좋은 옷을 제공한다는 방침을 내걸고 있음에도 전혀 다른 사업을 시작해버린다면 '돈을 벌기 위해서라면 무엇이나 하는 것인가?' 하는 생각이 들 수밖에 없다. 예를 들어 별도의 비즈니스를 시작하는 목적이 '돈을 벌기 위한 것'이 아니라고 해도 마찬가지다.

이 책에서처럼 '주말사장'부터 창업을 시작하는 경우, 계속 혼자서 사업을 해오고 있어서 질려버릴지도 모르겠다. 하지만 자신이 일에 질리면서부터 회사의 성장은 시작된다.

물론 회사를 보다 좋게 만들기 위한 약간의 변화는 필요하다. 하지만 전체 모델의 변화가 고객에게 반드시 좋게 보인다는 보장은 없다. 혹시 전혀 다른 비즈니스를 시작하는 것으로 당신이 지금까지 해온 것이 전부 수포로 돌아갈 가능성도 있다.

사업이라고 하는 큰 이야기가 아니라 좀더 개인적인 것으로도 브랜딩은 연결된다. 예를 들어 당신 주위에 개인 블로그의 배경을 자주 바꾸는 사람들이 있는가? 그들은 자신이 질렸다고 하는 이유만으로 배경을 바꾸고 있지만, 이는 고객_{읽는 사람}의

시선을 전혀 신경쓰지 않는다는 증거다.

읽는 사람의 입장에서 보면, 언제나 핑크색 이미지의 블로그가 어느 날 갑자기 파란색이 되어버렸다고 하면 분명 당혹감을 느끼게 될 것이다. '다른 블로그에 잘못 온 건가?' 하고 생각하는 사람도 있을 것이다.

앞서 말한 이야기지만, 홈페이지도 마찬가지다. 기능적인 개선을 위한 리뉴얼은 괜찮지만 기존의 디자인에 질렸다고 해서 자주 디자인을 바꾸는 것 만큼은 피해야 한다.

브랜드를 만들 때 제대로 기업과 상품, 서비스의 콘셉트를 고정시키고, 후에 변경할 필요가 없이 확실하게 만들어서 수많은 고객들에게 인지받을 때까지는 변경하지 말아야 한다.

이것이 브랜딩의 철칙이다.

'자기연출' 테크닉을
몸에 익혀라

　상품 구매의 동기 중 하나로 '알고 있는 사람이 판매하고 있으니까'라는 심리가 있다. '보험영업'이 좋은 예다. 우선은 친척, 가까운 지인부터 영업을 시작해서 차례로 아는 사람의 아는 사람으로 확장시켜나간다. 고객으로서도 "알고 있는 사람이 판매하고 있는 상품이니까……" 하고 신뢰를 해서 상품을 구매하게 된다.

　물론 알고 있는 사이라서 어쩔 수 없이 가입하는 경우도 있을 것이다. 그렇지만 전혀 모르는 사람보다 아는 사람 쪽이 물건을 팔기도 쉽고 사기도 쉽다.

실제로 지금부터 가망 고객들 모두와 알고 지내는 것은 불가능한 일이다. 그렇기 때문에 나는 컨설팅을 하러 갈 때도 다음과 같은 어드바이스를 하고 있다.

"홈페이지나 전단지 등에 자신의 얼굴 사진을 게재해주세요."

직접 아는 사이가 될 수는 없어도, 얼굴을 알고 있는 것만으로도 손님이 받는 인상이나 해석 방법은 크게 달라진다.

그 사람 자신이 서비스를 제공하는 경우는 특히 더 하다. 내 경우처럼 컨설턴트 일이나 사업 등의 직업에는 명함, 팸플릿, 홈페이지 등 전면적으로 자신의 얼굴을 노출시키는 편이 좋다.

어느 치과의사는 홈페이지에 '제가 원장입니다'라고 자신의 얼굴과 치과위생사의 사진을 게재해서 치과원장은 무서운 사람이라는 이미지를 불식시켰다. 사람은 얼굴을 보면 안심하게 되는 존재인 것이다.

주말사장으로 창업하는 개인의 경우, 특히 자신을 먼저 알리는 것이 중요하다. 그 회사의 사업에 직접적으로 관련이 없어도 사람 됨됨이를 짐작할 수 있는 사진이나 프로필을 게재해두면 고객은 왠지 모르게 친밀함을 느끼게 되고, 서비스를 받고 싶다거나, 상품을 구입하고 싶어진다거나 하게 되는 것이다.

사진도 단순한 증명사진이 아니라 가능한 그 사람의 이미지에 걸맞은 모습, 상품과 관련성이 있는 복장을 한 것이면 더 좋다. 복장이라고 하는 것은 가장 알기 쉬운 그 사람의 상징이다.

따라서 반드시 명심해두자. 홈페이지에 올리는 사진 한 장도 기업 이미지를 확실히 다진 상태에서 촬영한 것이어야 한다.

모든 업종에서 경영자의 얼굴을 어필해야 하는 것은 아니다. 자신의 회사의 상품이나 서비스의 이미지를 고려해서 고객은 어떤 모습을 기대하고 있는지, 고객에게 어떻게 보이고 싶은지에 대한 이미지를 잘 합치시켜나간 후에 자기연출을 해나가자.

자신이 직접 서비스를 제공하는 것이 아니라 상품을 파는 사업인 경우, 본인의 사진은 두 번째가 될 것이다.

그것보다도 "어째서 내가 이 상품을 판매하는가?"라고 하는 이야기, 그 상품에 대한 생각을 홈페이지 등에 게재하는 편이 효과적이다.

예를 들어, "계속 분유를 먹지 않았던 우리 집 딸아이가 이 분유로 바꾸고 나서부터 잘 먹게 되었다. 나와 같은 고민으로 곤란을 겪고 있는 사람들을 돕기 위해 대리판매를 하고 있는 것이다"와 같은 이야기가 엮어진다면 사람들은 그 상품에 흥미

157

를 갖게 될 것이다.

이처럼 자신의 회사나 상품의 브랜딩을 하고 아직 보이지 않는 고객을 상상하면서 효과적인 선전을 하자.

공짜로 할 수 있는
광고 선전 방법

　일반적으로, 효과 있는 광고나 선전에는 큰돈이 들어간다. 그러나 창업한 지 얼마 되지 않은 회사는 광고나 선전에 들일 예산이 한없이 부족할 것이다.

　창업가는 모두 '돈을 들이지 않고 상품을 선전할 수 있는 방법을 알고 싶다'고 생각할 것이다. 여기서는 공짜로 할 수 있는 광고나 선전 방법을 알아보자. 방법은 크게 세 가지로 나눌 수 있다.

- 뉴스를 만들고, 그것을 광고의 재료로 삼는 것

- 무언가 특화해서 세미나, 강연, 직원 연수로 범위를 넓히는 것
- 최종적으로 광고, 책 등으로 자신의 메시지를 전하는 것

나는 거의 비용을 들이지 않고 이런 방법으로 선전을 하고 있다. 책을 쓰는 것, 방송 취재, 강연, 등은 기본적으로 모두 돈을 지불하지 않고 오히려 보수를 받은 후에 진행한다.

이렇게 말하면 "그것은 마츠오 씨처럼 컨설팅 업무를 해야 가능한 일이겠지요?"라는 말이 되돌아오지만, 잘 생각해보라. 컨설팅 업무 이외에도 취재를 받고 있는 업종은 많다. 라면 가게, 디자이너, 학자, 의사, 승려 등 오히려 컨설팅 업무 쪽이 취재를 받을 확률이 더 적다.

덧붙이자면 취재를 하기 위해서는 무슨 업종인가보다 '어떤 점이 다른 사람과 다른가?'가 중요하다. '다른 사람과 다른 점'은 두 가지 방향으로 생각해볼 수 있다.

- 정말로 다른 사람을 기쁘게 해주고 있다.
- 누구도 생각하지 못한 특별한 것을 하고 있다.

주말사장으로 사는 법

둘 중 어느 쪽에라도 해당되면 취재를 요청받을 기회가 온다. 혹시 간단하고 빠르게 주목받고 싶다면, 후자의 '특별한 점'이 즉각적인 효과를 발휘할 것이다.

예를 들어 '1만 엔의 라면을 만든다', '50엔의 라면을 만든다' 혹은 귀여운 여성을 종업원으로 채용해서 '너무 아름다운 점원이 있는 라면 가게' 등의 콘셉트를 갖게 되면 방송매채가 재빠르게 움직일 것이다.

방송매체의 취재 요청을 받기 위해서는 다른 사람과 조금 다른 각도로 자신이나 회사, 상품을 브랜딩해야 한다. 당신만의 경험을 살려서 화제성을 만들고 효과적으로 정보를 발신해야 한다.

또한 대부분의 사람은 '방송매채 취재는 멋대로 오는 것'이라고 생각하지만 그것은 큰 착각이다. 기다리기만 해서는 아무리 시간이 흘러도 방송국에서 취재하러 오지 않는다. 스스로 장치를 만들어야 한다.

하지만 구체적으로 어떻게 장치를 만들어야 좋은 것일까? 우선은 프레스 릴리스를 해보자. 언론기관에 보도자료를 배포해보는 것이다. 더 효과를 보려면 방송매체 관계자와 사이좋게 지내면 좋다. 한 번 연결고리가 생기면 취재할 기회가 늘어난다.

어떻게 해야 방송매체에 쉽게 접근할 수 있을까? 방송매체가 취재하고 싶은 사람이 되면 간단하다. 방송매체, 특히 신문이나 주간지 등은 매일매일 새로운 소재거리를 찾고 있다. 그리고 소재에 따라서는 다양한 이유로 취재대상자를 접대할 때가 있다. 그런 사실을 잘 알고 있는 나는 담당자에게 다음과 같은 선언을 한다.

"어떤 것이라도 코멘트를 하겠습니다. 잘 모르는 이야기라면 조사를 하거나 내 개인적인 네트워크를 사용해서라도 답을 하겠습니다. 그러니까 곤란할 때나 무언가 보충을 해야 할 때는 한밤중이라도 괜찮으니 언제든 전화를 주세요."

그리고 실제로 전화가 걸려오면, 언제 어떠한 때라도 선언한 대로, 절대적으로 답변을 하는 것이다. 그 실적이 축적되면 "결국에는 마츠오 씨가 어떻게든 해줄 거야" 하는 방송매체 관계자의 신뢰를 얻을 수 있게 된다.

즉 상대가 기뻐하는 것을 하면 누구라도 은혜를 되갚아주고 싶어한다. 실제로 한밤중에 신문에 게재하는 코멘트를 제공하면, 그 보답으로 새롭게 발매하는 내 신간을 자연스럽게 소개

해준다.

예를 들어 그 책이 기사의 주제에 딱 맞아떨어지지 않더라도 무언가 다른 형태로 내 이름이나 회사의 이름을 써준다. 이런 것들은 저급한 광고를 만드는 것보다 훨씬 효과적인 PR이 된다.

단, 한 번 취재한 것만으로 상품을 사려는 사람들의 줄이 늘어선다든가 전화가 끊이지 않고 울리게 된다는 일은 절대 있을 수 없다. 이 사실을 가슴 깊이 새겨두어야 한다.

방송매체의 효과라고 하는 것은 천천히 효력을 발휘해나가는 것이다. 몇 번이고 몇 번이고 노출해야 조금씩 효과가 나타나기 시작한다.

나는 '언제 몇 시가 되더라도 자신의 이익과 연결되지 않을 때라도 취재에 응한다' 혹은 '자신이 받아들일 수 없을 경우에는 적임자를 소개한다'라는 원칙을 가지고 있다. 그리고 방송매체에 대해서는 '무리한 부탁을 하지 않는다'는 사실이 가장 중요하다. 기사로 소개하고 싶은 상품이 있다고 해도 광고가 아니기 때문에 무리한 것은 무리한 것이다.

이 과정에서 절대 잊지 말아야 하는 것이 '2차 사용'이다. 허가를 받은 후에 '방송매체에 나옵니다!'라는 사실을 홈페이지에

게재해두자. 단 반드시 허가, 허락을 받아두자. 이것은 출연, 게재 매체TV나 잡지 등를 보지 않는 사람에게도 '이 회사는 방송에 나왔으니까 신뢰할 수 있는 회사일거야'라는 생각을 하게 만든다.

마케팅을 잘 알고 있는 가게나 회사는 '○○에 소개되었습니다', '○○에서 취재 요청이 들어왔습니다' 등 방송매체에 소개된다는 사실을 회사의 홈페이지에 게재하거나 가게 앞에 붙여놓고 있다.

단, 꼭 말해주고 싶은 것이 있다. 그것은 TV나 잡지 기사 등 방송매체에 소개된다는 것은 하나의 계기에 지나지 않는다는 사실이다. 아무리 화제가 되어도 정말로 그 회사나 상품이 좋지 않다면, 고객은 지속적으로 오지 않는다.

사상 최악이라는 경제불황에 고객의 눈은 대단히 엄격해지고 있다. 그러나 그만큼 정말 좋은 물건을 제공한다면 회사의 규모에 관계없이 팔린다고 하는 것을 의미한다. 바야흐로 창업가에는 진정한 기회인 것이다.

당신도 방송매체를 잘 이용해서 효과적인 선전을 해보자.

SUCCESS KEYS

성공 사례 인터뷰②

호소다 오사무

대기업 생명보험회사 근무, 32세에 헤드헌팅으로 부동산회사에서 생명보험 영업의 세계로 전직. 그 후 시행착오 끝에 '만난 사람을 잠재고객으로 키우는 구조'를 구축. 세미나 강사로도 활약 중.

주말을 활용해서 스스로 세미나를 개최하고, 세미나에서 본업의 고객을 모으는 새로운 영업방법을 찾아냈다.

지금까지의 경력과 현재의 일에 대해서 알려달라

부동산회사에서 맨션 개발 사업에 종사했지만, 1999년에 생명보험회사로 이직했다. 현재는 생명보험회사의 매니저로 생명보험 영업과 인재 채용을 담당하고 있다. 한편, 주말이나 평일 밤 등을 활용해 영업 프로듀서, 컨설턴트로 세미나를 개최하거나 컨설팅 사무를 봐주고 있다. 단 주말사장이라고 해도 보수를 벌기 위해서가 아니라 어디까지나 본업의 고객을 유도하기 위한 것으로 보험상품의 판매와 영업맨의 채용이 최종 목적이다.

전업인 부동산회사에서 보험영업으로 전직하고 1년째는 순조로웠지만 2년째에 들어서자 갑자기 실적이 떨어지기 시작했다.

처음 만나는 사람에게 "보험 이야기를 들려드리겠습니다"라고 말하는 것도 굉장한 스트레스였고, 판매를 하는 것에도 공포심을 가지게 되었다. 그때, 부동산회사를 다닐 무렵에 알았던 지인이 이런 조언을 해주었다.

"흥미가 없는 사람에게 이야기를 하고 싶지 않다면 흥미가 있는 사람에게 이야기를 하도록 해봐. 세미나를 연다면 이야기를 듣고 싶은 사람들이 소문을 듣고 와서 흥미로운 상담을 할 수 있을 거야."

재빨리 나는 지인과 공동으로 '부동산과 상속'이라는 주제로 세미나를 개최하기로 했다. 세미나에서 보험을 영업하는 것은 일절 하지 않고, 고객에게서 "상담하고 싶다"는 말을 들을 때만 어드바이스를 하는 스타일이다.

모객의 성공 비결은 무엇인가?

타깃을 좁혀서 모객한 것이다. 주택지도에는 부지마다 소유자 명함과 주소가 들어 있다. 그것을 리스트로 만들어 부동산에 관심이 있다고 생각되는 지주들을 압축해 다이렉트로 전단을 발송한 것이 효율적으로 고객을 모을 수 있게 도와주었다.

그 후에는 명함이었다. 보험영업의 업무특성상 주위에 명함이 가득했기 때문에 그것을 데이터화해서 DM을 발송했다. 세미나의 주제도 부동산에서 전문 분야인 보험으로 옮겼다. '유능한 보험영업맨의 영업 방법'이라는 주제로 이야기를 하게 되면서부터 본궤도에 올랐다.

개인 브랜딩의 방법은 무엇인가?

2010년 5월부터 블로그를 시작했다. 영업의 프로라고 하는 브랜딩을 하기 위해서 회사 이름도 보험을 영업하려는 기색도 일절 노출시키지 않고 영업 노하우와 세미나 고지를 주된 방법으로 하고 있다.

독립을 생각하고 있는가?

처음에는 독립을 의식하지 않았지만 주말사장으로 일하면서 많은 경영자들과 만나는 와중에 '독립하고 싶다'는 마음이 생겨버렸다.

영업 프로듀서로서 잘 해나갈 수 있겠다고 생각한 계기는?

실제로 내가 컨설팅한 고객이 성과를 내서 다른 고객을 소개할 때 보람을 느낄 수 있었다. 그리고 그 이후로 나도 영업을 컨설팅해줄 수 있다는 생각을 하게 되었다. 만약 당신이 창업을 생각하고 있다면, 우선은 무보수라도 좋으니 똑같은 서비스를 누군가에게 제공하고 감동을 얻어둘 필요가 있다.

7 장

반드시 알아야 할
경영의 힌트

원활하게 자금을 돌리기 위한 경영 노하우

金
FRI
31

土
SAT
1

日
SUN
2

철저하게 팔아라

독립한 지 얼마 되지 않은 창업가 중에는 "미션을 정하지 않으면 안 된다", "이 회사의 사회적인 지위를 생각하지 않으면 안 된다" 등등 이념이나 사상, 개념적인 것을 주장하고 싶어하는 사람이 있다.

그러나 실제 영세기업이나 개인 사업주에게는 이런 것을 주장할 여유가 없다. 우선은 철저하게 팔아서 돈을 벌고 난 후 처음으로 이념이나 미션이 보이기 시작하는 것이다.

장사의 기본인 '판매'를 소홀히 해서는 안 된다. 우선은 '철저하게 파는 것'이 중요하다. 개념적인 것은 일단 제쳐두고 우선은 철저하게 팔아라. 영업이야말로 장사와 비즈니스의 철칙이다.

물론 상품을 팔기 위해 노력하는 것보다 회사의 이념을 생각하고 있을 때가 더 즐거울 것이다. 다른 사람에게 머리를 숙여 영업을 하는 것보다 '많은 사람들의 얼굴에 미소가 떠오르게 하고 싶다' 등 꿈을 꾸는 것이 가슴 설레고 체력이나 감정 소모가 덜 할 수도 있다. 하지만 그것은 현실도피일 뿐이다.

물론 회사가 성장하는 과정에서 이념이나 미션은 중요하다. 하지만 그것은 상품이나 서비스가 팔리기 때문이다. 상품이 팔리기 전에 이념을 말해서 무슨 소용이 있겠는가?

아무리 훌륭한 대의가 있다고 해도 매출이 오르지 않는다면 말할 필요가 없다. 이념이 훌륭하다고 해도 상품이 팔리지 않는다면 아무 도움이 되지 않는다. 아무리 숭고한 이념이나 멋진 이상이 있다고 해도 행동하지 않으면 아무것도 변하지 않는다.

IT버블, 창업열풍의 시대에는 꿈을 가지고 이념을 말한다면 엔젤투자가이 나타나서 "당신에게 출자하고 싶다"고 말하며 투자를 해주는 일이 생긴다. 그러나 그것은 진정한 의미의 독립이 아니다.

결국 투자가의 안색을 살피면서 일을 하는, 월급 사장에 불과할 뿐이다. 그래서는 직장을 다닐 때와 다를 바가 없다.

내가 이 책에서 여러분에게 말하고 싶은 것은 어디까지나 스스로 혼자의 힘으로 하는 창업으로, 그것을 위한 주말사장이다. 제대로 된 고객의 얼굴을 볼 수 있는 창업은 어느 시대라도 통한다는 게 나의 생각이다.

장사에서 가장 중요한 것은 어디까지나 판매다. 판매를 지속할 수 있다면 회사는 유지된다. 아무리 멋진 사무실을 준비해도, 아무리 새로운 마케팅을 배워도, 그것만으로는 한푼도 벌지 못한다.

나는 이에 관한 실천 경험을 가지고 있다. 지금부터 그 이야기를 해볼까 한다. 창업 후 얼마 지나지 않았을 때의 일이다. 그때는 아직 저서도 없고, 세미나도 열지 않았을 때였다. 블로그라고 하는 마케팅 도구가 지금처럼 일반적이지 않아서 극히 소수의 사람만이 블로그를 하고 있었다.

나는 '이것 꽤 재미있는데!'라고 생각하고 열심히 글을 올렸다. 지속적으로 글을 올려나갈 무렵 내 블로그는 모 랭킹의 상위에 올랐다. 그리고 어떤 사람에게 "마츠오 씨의 블로그 노하우는 사업이 된다"는 어드바이스를 받아들여, 그 소재를 개발하려고 생각했다.

하지만 어째선지 돈이 되지 않았기 때문에 CD교재를 만드는 것도, 프로의 손을 빌리는 것도 할 수 없었다. 자신의 목소리를 녹음해 컴퓨터로 CD를 구워서 아내에게 라벨과 재킷을 인쇄해 달라고 하는 등 모든 작업을 직접했다. 그리고 '돈을 벌게 해주는 블로그를 만드는 방법 CD세트'라는 상품명을 붙여 인터넷에서 판매하기 시작했다.

우선 다른 경쟁사가 어느 정도의 가격대로 상품을 판매하고 있는지를 조사하고, 그로부터 실제로 판매해가면서 테스트마케팅을 실행했다.

'처음에는 2만 5천 엔의 가격을 붙였다가, 판매가 되지 않는다면 1만 9천 엔으로 가격을 내리자'고 정해놓았다. 혹은 '선착순 30분까지는 ○○엔에 제공!'이라고 하는 캠페인을 시행해 보는 등 어쨌든 팔기 위해서 가진 모든 것을 활용할 궁리를 하고 시행착오를 겪었다.

사람들은 "요즘 시대에는 좀처럼 물건이 팔리지 않는다"고 말하지만, 나는 그렇게 생각하지 않는다. '팔리지 않는다'가 아니라 '팔고 있지 않는 것'이다.

상품이나 서비스를 좀더 마주보고 어떻게 하면 팔 수 있을지를 연구하고 연구하고 연구한다.

반복되는 말이지만, 비즈니스는 팔지 않으면 시작되지 않는다. 아무리 좋은 상품을 만들었어도 고객의 손에 도착하지 않으면 모든 것이 물거품이다.

그렇기 때문에 다시 소리 높여 말한다. "철저하게 팔아라!"라고.

C·H·E·C·K·P·O·I·N·T

중소기업기술정보진흥원 www.tipa.or.kr
1인 창업에 크게 관여해 실제적으로 운영을 지원하는 기관으로 업무 영역은 1인 창조기업을 포함한 중소·벤처기업의 R&D 지원, 정보화 지원, 경영 혁신 지원, 기술 인재 양성, 조사 연구로 구분되며 1인 창업을 운영하면서 비즈니스 모델을 더욱 강화하고 싶을 때 도움을 받을 수 있다.

정보를 이끌어내는
대화술을 습득하라

　많은 사람들은 거절을 당하거나 다른 사람에게 머리를 조아리는 것이 두려운 나머지 적극적으로 영업을 하지 않는다.

　그러나 그렇게 해서는 아무리 시간이 지나도 돈을 벌지 못한다. 영업은 헌팅과 매우 유사하다. 사실 헌팅에 성공하는 사람은 많은 여성들에게 말을 걸고, 가장 많이 거절당하고 있는 사람이다.

　많은 여자들에게 말을 걸고 있는 와중에도 '이 사람은 아무리 말을 많이 걸어도 안 되겠군'이라든가 '역으로 이런 여자의 경우는 이렇게 말하면 반응이 오는구나'라고 하는 것을 바로 알게 된다고 한다. 실제로 막 대학을 졸업하고 회사에 입사한 영업사원에게 길에서 여자를 헌팅하는 연수를 실행하는 회사도 있다.

즉 상품을 팔기 위해 고객과 접촉하는 기회를 가능한 한 많이 만들어서 고객의 패턴이나 니즈를 간파해나가는 것이다.

물론 단지 회수를 해내면 좋다는 것이 아니라 회화력, 듣기 능력을 몸에 익히기 위한 경험을 쌓는 것이 필요하다. 회화력은 단순하게 떠드는 것이 아니라 상대의 정보를 어떻게 해서든 캐묻는 것이다.

예를 들어 자동차 영업맨의 경우 다음과 같은 회화력이 필요하다.

영업맨 : 어떤 상황에서 자동차를 주로 타실 겁니까?

고객 : 애인과 단 둘이서 여행을 가려고요.

영업맨 : 여자친구분은 어떤 차를 좋아하시나요?

고객 : 빨간 색 차가 좋다고 말하는 것 같던데.

영업맨 : 그렇다면 이 차는 어떻습니까? 조금 격이 높은 이쪽의 자동차라면 여자친구분도 반드시 기뻐하실 겁니다.

이것을 해석해보자. 영업맨은 처음 대화에서 고객에게 애인이 있다는 사실을 이끌어내었고, 게다가 이제 막 사귀기 시작한 애인과 드라이브에서 사용할 차를 고르러 왔다는 점까지 알아냈다.

그리고 다음 질문으로 결정타를 날렸다. 그것은 애인의 희망을 묻는 부분이다. 애인이 빨간 자동차가 좋다고 대답했다는 것에서부터 고객이 여기에 오기 이전에 애인에게 좋아하는 자동차의 색상을 물어보고 왔다는 사실까지 알아낸 것이다. 결국 고객은 애인에게 멋지게 보이고 싶다고 하는 생각을 영업맨에게 간파당해 최종적으로 격이 높은 자동차를 추천받게 되었다.

이런 식으로 질문을 해나가면서 얼마나 고객의 정보를 하나하나 이끌어낼 수 있는가가 회화력의 유무를 가르는 것이다. 고객을 조사하는 것처럼 "아이들은 있습니까?", "애인은 어떻습니까?"라고 물어도 정보는 나오지 않는다. 고객을 편안하게 만들어주고 듣는 연습을 하지 않는다면 팔기 위해 필요한 정보를 얻을 수 없다.

대부분의 사람들은 상대의 이야기를 듣기보다 자신이 말하

178

고 싶은 욕망이 강하다. 그렇지만 상대의 이야기를 잘 듣는 것
만큼 상대를 기쁘게 하고 놀랄 정도로 많은 정보를 얻을 수 있
는 것은 없다.

현금주의 원칙을
고수하라

주말사장을 차에 비유하면, 현금은 기름이다. 현금이 없어져 버리는 시점에서 주말사장과 창업은 그대로 멈추어버리고 말 것이다.

예를 들어, 어딘가에 영업을 하러 가기 위해서는 지하철 요금을 지불해야 한다. 하지만 지갑 속에 돈이 없다면 그 장소에 갈 수 없게 된다.

'걸어서 가면 되잖아'라거나 '자전거로 가면 되잖아'라는 식으로 생각하는가? 그렇다면 당신은 '창업가 뇌'를 가졌다고 할 수 없다.

비즈니스에서 시간은 곧 돈이다. 시간이 돈을 낳는 것이다.

지금처럼 불경기일수록 특히 현금을 가지고 있는 사람이 유리하다. 일에 착수하기 전에 보수를 현금으로 받아둔다면 실수로 돈을 날릴 리도 없고, 안심하고 일을 할 수 있다.

장사의 기본은 상품과 돈의 교환이다. 채소가게에서 채소를 사려면 그 장소에서 돈을 지불하고 상품을 받는 것이 가장 심플하고 견실한 비즈니스의 방법이다.

그것이 회사 경영이 된 순간에 '마감일', '외상금', '수표', '어음' 등 바로 현금으로 보수를 받을 수 없는 구조를 사용하게 되어 사업이 잘되지 않는 것이다. 형태가 있는 물건을 파는 경우는 상품과 현금의 교환이 가장 좋다. 특히 현금을 지불할수록 회사는 무너지지 않는다.

인터넷 쇼핑의 경우, 돈을 지불할 때는 은행에 입금^{선지불}을 하든가 카드로 결제하거나, 대금상환^{택배로 물건을 수령시 돈을 지불하는 방식-옮긴이}만으로 하는 것이 좋다. 고객에 대한 서비스로 후불제를 채용하고 있는 가게도 많이 있지만, 돈이 회수되지 않을 위험성이 있기 때문에 영세 기업에게는 추천하지 않는다.

고객에게 맞추기만 하지 말고 당당하게 "우리는 이런 시스템을 사용하고 있다"고 스타일을 확립해서 고객을 납득시켜보자.

우리는 흔히 "고객은 왕이다", "파는 사람보다 사는 사람이 더 대단하다"고 말하지만, 나는 파는 사람 쪽이 우위에 있다고 생각한다. 팔 권리가 있어야 살 권리나 사지 않을 자유도 있는 것이다.

'처음 온 손님은 정중히 사절한다교토에서 주로 사용하는 표현. 원래 교토의 음식점은 식재료를 주문할 때 외상 장부 달아놓고 나중에 청구서를 받는 시스템이라 식자재의 가격을 당장 알 수 없어 요리 가격이 일정치 않아 단골 손님이 아니면 가격 가격변동에 당황할 수 있으므로 처음 온 손님은 받지 않는다는 뜻이다.-옮긴이'거나 '회원제' 등 파는 쪽이 사는 쪽을 선택하는 시스템도 있다.

파는 쪽이 고객을 선택하는 것으로, 사귀고 싶은 클라이언트와 일을 할 수 있게 된다. 스트레스 없이 일을 하면 서비스도 더 좋아질 것이다.

또한 컨설턴트 같은 정보 비즈니스는 납품하는 물체가 존재하지 않는 상품이기 때문에 선금제도가 보다 중요하게 여겨져 왔다. 컨설팅 업무가 끝나고 요금을 청구해서 혹시 "생각했던 것과 다르다. 돈을 지불할 수 없다"라는 말을 듣는다면 헛된 일이 되어버리는 것이다.

182

그 밖에도 에스테틱 살롱 같은 미용 비즈니스도 선금제도를 취급하는 경우가 많다. 사전에 10만 엔어치의 티켓을 판매해서 먼저 그에 해당하는 현금을 받는데, 이는 현금흐름을 좋게 하기 위한 수법이다.

어떤 시스템이라도 좋으니 회사를 잘 돌아가게 하기 위해서는 현금주의 원칙을 잊어서는 안 된다. 가능한 어음이나 수표는 취급하지 않도록 신경 쓰자. 규칙을 정하는 것은 사장인 당신의 몫이다.

스피드가 중요하다

　지금 유행하고 있는 것이 앞으로도 계속 이어진다는 보장은 어디에도 없다. 오히려 예전에 비해 고객이 상품이나 서비스에 질리는 속도가 점점 빨라지고 있다. 어떤 비즈니스에도 예외가 없다. 그렇기 때문에 '이거 잘 팔려', '이건 좋은 상품', '이게 유행이 될거야'라고 생각한다면 가능한 빨리 행동에 옮겨야 한다. 선구자 이익의 원칙처럼 완벽한 상품이 아니어도 유행에 편승하면 팔릴 가능성은 커진다.

　'완벽한 상품은 아니지만 팔리지 않는 건 아니잖아?'

　이렇게 생각하는 사람이 있을지도 모르겠다. 그렇다면 과연 완벽하다는 게 무엇인가? 어떤 상태를 가리키는 것인가? 세상에서 완벽한 것이라는 게 있을까?

예를 들어 지금, '마이크로 소프트 윈도'의 최신 버전은 '윈도8'이다. 하지만 반드시 10년 후에는 "우와, 아직도 윈도8을 쓰고 있어?"라는 말을 듣게 될 것이다. 즉, 제품이나 상품, 서비스는 시간의 흐름과 함께 변화를 반복하고, 그 시대의 니즈에 걸맞은 모습으로 변모한다. '이것이 완벽'이라고 하는 시점 같은 것은 없다.

처음의 이야기로 돌아가보자. 그렇기 때문에 스피드가 가장 중요하다. 완벽하지 않아도 재빨리 상품을 선보이는 것이 성공의 열쇠가 된다.

그렇다면 어느 정도의 속도감이 필요한 것일까? 나는 아이디어가 떠오르면 그 순간부터 바로 상품개발을 시작해서 가능한 한 빨리 팔 물건을 준비해야 한다고 생각한다.

설령 처음에는 아이디어뿐이라고 해도, 직감적으로 '이 서비스는 팔릴 것이다!'라는 생각이 들면 행동으로 옮기는 편이 좋다. 물론 처음으로 해본 장사가 잘 되지 않는 경우도 있을 것이다. 하지만 상품, 서비스라고 하는 형태로 고객에게 제시하지 못한다면 무엇이 팔리는지 아무도 알 수 없다. 팔린다, 팔리지 않는다는 고객이 판단하는 것이다.

비즈니스에 성공하기 위한 또 다른 방법이 있다. 그것은 '장사의 장소를 옮긴다'라고 하는 것이다. 예를 들어 한겨울에 나는 방어를 방어의 생산지에서 팔아봐야 큰돈이 되지 않는다. 그러나 그것을 살아있는 좋은 상태로 긴자에 가져간다면 어떻게 될까?

일반적으로 좀처럼 손에 넣기 힘든 것이기 때문에 매우 비싸게 팔릴 것이다. 사막에서 물이 팔리는 구조와 같다. 이는 상품에만 제한되지 않는다. 서비스도 마찬가지다. 지금까지는 A밖에 받지 못했던 서비스를 B까지 받게 된다면 고객은 몰려들 것이다.

당신은 이것을 당연하다고 생각하는가? 그렇지 않으면 획기적인 아이디어라고 생각하는가? 자신에게 당연한 것이 다른 사람에게는 생각지도 못한 발상의 전환이 되기도 한다.

어떤 사람에게 자신의 상품이 필요할까를 늘 생각한다면, 이런 아이디어는 점점 떠오를 것이다. 유연한 머리로 다양한 각도에서 사물을 볼 수 있도록 마음을 먹어보자.

눈앞의 작은
프라이드를 버려라

"우리 사장은 말하는 게 그때그때 달라서 곤란해."

"앞서 말한 지시와 180도 다른 것을 말하니 혼란스러워."

직장인의 이런 불평은 어디서나 자주 들을 수 있다. 그러나 사장은 상황에 따라 한번 정한 방침을 바꿔도 좋다.

그 이유는 앞서 말한대로 지금은 스피드가 요구되는 시대이기 때문이다. 아침에 괜찮다고 생각한 아이디어가 그날 저녁이면 진부할 수 있다.

스피드가 요구되는 시대라는 것을 의식하지 않고, "한번 제시한 것을 철회하다니 사장으로서 최악이야"라고 한다면 경영은 성립되지 않고, 돌이킬 수 없게 된다.

나도 새로운 주제로 세미나를 개최해서 모인 고객이 한 명이라면, 지금 당장 타이틀이나 콘셉트를 변경할 것이다. 그대로 계속해도 고객이 모이지 않을 것이 뻔히 보이기 때문이다.

물론 처음에 실패하지 않고 성공하기란 불가능하지만, 머릿속에서 '이래도 좋고, 저래도 좋다'고 생각하기보다 우선은 행동에 옮기고 보는 것이다.

반대로 완고한 경영자가 사랑받던 시대도 있었다. 그러나 지금처럼 정보화사회에는 이미 시대에 뒤처졌다고 말할 수 있다. 예를 들어 '완고한 라면 가게'나 '완고한 장인' 등은 자신의 길을 끝까지 통찰해가고 있는 인상을 주지만, '완고한 컨설턴트', '완고한 웹제작회사'는 어떨까? '융통성이 없어 보이고, 오래된 생각에 고집이 세 보인다'라는 부정적인 인상이 지배적이다.

예술가나 장인 등 일부의 직종을 제외하고 완벽을 목표로 하기 위한 고집은 필요 없다. 자기 자신은 만점을 목표로 할 셈이어도 주위에서 보면 단지 자기 만족에 지나지 않는다.

"봄이었다면 잘 팔렸을 텐데, 완벽하지 않아서 시간을 들여 상품 개발을 더 하는 동안 여름이 되어버렸다"라는 평계는 비즈니스에서 성립되지 않는다.

한번 결정한 방침을 철회할 수 없는 한 가지 이유는 부끄럽기 때문이다. "내 생각이 틀렸다" 혹은 "내 생각이 가장 좋은 것이 아니었다"라는 사실을 모든 사람 앞에서 인정하기란 쉬운 일이 아니다. 그러나 자신의 프라이드를 지키기 위해서 틀린 방침을 모른 척한다면 경영은 점점 악화되어갈 뿐이다.

그릇의 크기가 작은 사람은 눈앞의 작은 프라이드에 연연한다. 그러나 주말사장으로 독립에 성공하기 위해서는, 보다 큰 일을 해내기 위해서는 프라이드에 집착해서는 안 된다. 눈앞의 것만을 취하지 말고, 넓은 시야를 가지고 미래를 생각하는 힘이 주말사장에게는 무엇보다 필요하다.

무조건 성공하는
경영 비법

경영을 하면서 어느 정도 사람을 믿어야 하지만, 결코 지나치게 믿어서도 안 된다. '배신당할지도 모른다'라는 것을 전제로 하고 사람을 만나는 편이 좋다. 여기서 말하는 '사람'에는 사원, 고객, 비즈니스 파트너, 거래처 등 사장으로 만나는 모든 사람이 포함된다.

나 역시 신용해서 일을 맡겼던 사원이 사직서를 내버리고, 그것도 모자라 주위 사람들에게 내 험담을 하고 다닌 경험이 있다. 나는 사원을 위해서 행동한 것이라고 믿었지만, 그에게는 '사장한테만 좋은 생각을 하고 있다'는 식으로 보인 것이다.

마음에 깊은 상처를 입은 나는 한동안 고민했지만 '사람은 누구나 타인이 아닌 자신을 위해서 살아가기 때문에 어쩔 수 없다'라는 결론을 내린 후, 기분이 전환되어 다시 즐거운 생활을 할 수 있었다.

하지만 분명 "사원이 사직서를 내버려서 쇼크로 며칠이고 일이 손에 잡히지 않는다"고 말하는 사장도 있을 것이다. 물론 사람을 믿는 것은 매우 중요하지만 앞서 말한 것처럼 너무 지나치게 믿어서는 안 된다.

고객도 마찬가지다. '단골 고객은 사라지지 않는다'라고 믿고, 기존의 고객을 무시하고 신규 고객을 모집하는 데만 힘을 쏟는다면 어느 날 갑자기 단골 고객이 없어져버릴 가능성도 있다.

반대의 입장이 되어서 생각해보자. 개인적으로 매주 이용하던 식당에 어느 날 갑자기 가지 않거나 계속 다니고 있던 헬스클럽에 가지 않게 된다. 이런 경험이 있지 않은가?

'이 사람은 단골이니까 괜찮아.'

이렇게 생각할 때가 가장 위험하다. 고객의 마음은 너무 쉽게 움직인다. 그렇기 때문에 '꼭 우리 집을 이용해주세요' 같은 생각은 하지 않는 게 좋다. 단골 고객이라고 해도 신경을 써서

늘 고객이 행복할 수 있도록 서비스를 해주는 마음씀씀이가 필요하다.

사람의 사고방식이나 감정은 상황에 따라 항상 유동적이다. 그렇기 때문에 나는 '오는 것은 거절하지 않고 가는 것은 잡지 않는다'라는 기준으로 경영을 하는 편이 좋다고 생각한다.

사라진 고객이 있으면 새로운 고객이 있게 마련이다. 그렇게 해서 회사는 성장해가는 것이다. 그리고 경영자로서도 사람으로서도 성장하고 변해간다.

처음에 1,000엔짜리 상품을 팔던 회사가 1만 엔짜리 상품을 팔게 된다면 고객은 당연히 바뀔 것이다. 더욱이 1만 엔짜리부터 10만 엔, 10만 엔부터 100만 엔으로 가격이 올라가면 처음 젊은 사람들을 타깃으로 했던 상품이 서서히 중년층 타깃으로 바뀌고, 돈을 가진 사람들이 주고객층이 되면서 회사의 매출금액이 확 뛰어오르게 된다. 즉 고객층의 레벨을 올리는 것이 회사의 성장을 촉진하는 것이다.

회사의 수익을 끌어올리기 위해서는 앞서 말한 대로 취급하는 상품의 단가를 올리는 것 외에 고객의 수를 증가시키는 방법이 있다. 지금까지 10명이었던 고객이 100명이 되면 단순하게 계산해도 매상은 10배가 된다.

단 주말사장을 시작으로 창업한 회사의 경우, 관리가 가장 큰 문제이기 때문에 처음에는 그다지 많은 고객을 끌어모으지 않는 편이 좋다.

1,000엔을 지불해주는 고객을 관리하는 데 드는 수고와 1만 엔을 지불하는 고객을 관리하는 데 드는 수고가 그다지 다르지 않기 때문에 사람 수만큼 관리하는 데 드는 것이다. 예를 들어 고객 모두를 당신 혼자서 유지관리 하는 것이 가능할 것 같은가?

그것보다는 1건에 해당하는 단가를 높이는 것으로 고객을 소중히 해서 적은 건수로 경영이 성립하는 구조를 생각하는 편이 효율적이다.

SUCCESS KEYS

성공 사례 인터뷰③

코치 나카이 케이지

기상예보사, 기술사 등 업무와 관계 있는 자격을 취득한 것 외에도 정리수
납 어드바이저 생애학습개발재단인정 코치 자격증을 취득하는 등 폭 넓게
활동하고 있다. 저서로는 《40세부터 자신의 인생을 충실하게 만드는 정리
술》이 있다.
느낌이 번쩍인 순간이야말로 행동으로 옮길 좋은 찬스다. 시간을 잘 활용
하면 본업의 업무 효율도 올라간다.

왜 정리 수납 어드바이저 일을 시작했는가?

신문광고에서 NPO법인 하우스키핑협회가 인정한 정리수납 어드바
이저 자격증이 있다는 것을 보고 흥미를 가지게 되었다. 우선은 2급
을 시작으로 계속해서 1급의 자격을 취득했다. 당시 자격증이 있는 사
람이 적었기 때문에 자격을 취득하고 나자 협회에서 "2급강좌 강사를
해보시지 않겠습니까?"라고 제안이 들어왔다. 그 제안을 받아들인 것
이 강사가 된 계기다. 그 안에서 강의를 하면서 문화센터 등의 강사 제
안을 받게 되었다. 처음에는 주말사장을 의식한 것이 아니라 주위 사

194

람들의 소개에 따라 천천히 활동범위를 넓혀간 셈이다.

본업과 부업은 어떻게 하고 있는가?

정리수납 어드바이저로 독립을 하기보다 본업인 기상관계 일이 나에게 더 어울리기 때문에 양립한다고 하는 기준에서 주말사장을 하고 있다.

그 때문에 시간 사용법이 가장 문제다. 주말사장을 하기 전에는 잔업이 일상다반사였으므로 일이 쌓이면 토요일은 반드시 회사에 나와야 했다. 하지만 잔업이나 휴일근무로는 업무시간을 늘려도 일의 효율이 올라가지 않는다. 오히려 근무시간이 길어진다는 사실에 안심해서 효율이 떨어지는 부작용도 생긴다.

주말사장을 시작한 것은 본업이 가장 바쁠 때인 12월부터 3월 이후의 기간으로 가능한 잔업이나 휴일 출근은 하지 않으려고 결심했다. 덧붙여 주말사장으로 얻은 수입은 세미나나 공부협회에 참가하는 등 성장하기 위한 투자로 사용했다.

주말사장이 되어서 좋은 점은 무엇인가?

본업인 기상관계 일에서는 국가나 지방자치단체 등의 조직이 고객이므로 일반인들과 직접적으로 접촉할 기회가 많지 않다.

하지만 정리수납 어드바이저의 업무를 시작하게 된 것을 계기로 강사나 코칭의 업무로 직접적으로 고객과 관계를 맺고 '보다 좋은 삶'을 살 수 있게 도와주면서 기쁨을 느끼게 되었다.

혹시 주말사장에 흥미가 있다면 무작정 일하는 20대를 보내고 잠시 쉬어갈 여유가 생겼을 때 현재 하고 있는 일 외에 관심이 있는 것, 능력을 발휘할 수 있는 것이 있는가를 생각해보라.

그리고 느낌이 오는 일이 있다면 반드시 행동으로 옮기길 바란다. "바쁜 회사원에게 있을 수 없는 일이다"라든가 "아이가 아직 어려서……"라든가 모처럼 아이디어를 떠올렸는데도 할 수 없는 이유만을 발견해서 포기해버리는 사람들이 많다. 느낌이 번쩍인 순간이 행동으로 옮길 가장 좋은 찬스다. 10개의 아이디어 중에서 1개라도 지속할 수 있다면 자신 안에 새로운 세계가 펼쳐질 것이다.

196

8 장

나만의 비즈니스를
성공시켜라

성장하고 성공하는 주말사장을 위한 사고방식

金 土 日
FRI   SAT   SUN
31   1   2

처음부터 큰 자금을
쏟아 부어서는 안 된다

사업이 망하거나 성공하지 못하는 원인은 분명하다. 앞에서 이미 설명한 대로 현금이 없는 것. 예금 잔고가 제로가 되기 때문이다.

회사를 경영하고 있다면 월세, 전화요금, 사원이나 자신의 월급, 그밖에도 다양하게 돈을 지불해야 할 곳들이 생긴다. 하지만 현금이 없어서 이런 돈을 지불할 수 없게 된다면 당연히 도산하게 된다. 그렇기 때문에 창업해서 바로 큰 자금을 쏟아 붓는 일은 하지 말아야 한다.

예를 들어 광고 선전비로 갑자기 100만 엔을 투자하는 일 등은 금물이다. 처음에는 10만 엔만으로 투자해서 테스트마케팅을 실행하고, 잘되서 이익이 나오기 시작하면 조금씩 투자를 늘리면 된다.

사업의 초기 단계에서 자금 융통이 잘되지 않고 실패하게 되는 이유는 무엇일까? 그것은 직장인으로서 단 한 번도 진짜 장사를 해본 적이 없기 때문이다. 회사 조직의 일원으로서 비즈니스를 할 작정이었다면 모르겠지만, 단체에 소속되어 있는 한 진정한 의미에서의 흙내 나는 장사를 경험할 수 없다.

여기서 말하는 장사에는 '돈을 번다'라고 하는 의미만이 아니라 '경영'이라고 하는 요소도 포함되어 있다. 지금까지는 회사라고 하는 따뜻한 옷을 입고 있었지만, 독립을 한 순간 갑자기 몸에 걸치고 있는 전부가 벗겨져, 극한의 땅에 방치되는 것이다. 그런 순간을 만들지 않기 위해서도 휴일을 사용해서 '주말사장'을 해볼 필요가 있다.

얼마 전에 프랜차이즈 비즈니스로의 독립 창업이 번창한 시기가 있었다. "독립 창업을 지원한다", "비교적 간단하게 성공할 수 있다"고 하는 달콤한 말에 끌려서 많은 사람들이 프랜차이즈 계약을 맺었지만 결국 생각한 대로 이익이 나오지 않고 경

주말사장으로 사는 법

영이 어려워져 비즈니스를 그만둔 사람들이 많이 있었다.

처음에 계약을 맺을 때는 본사에서도 자신만만하게 수익을 장담하지만 막상 뚜껑을 열어보면, 본사만 돈을 벌게 되고, 프랜차이즈를 개업한 주인은 돈을 벌지 못한다.

애초에 프랜차이즈라는 시스템은 자신들이 직영점을 만드는 것보다 오너 점장을 늘리는 편이 적은 리스크로 본사가 돈을 벌어들일 수 있다. 그 시스템을 이해하면 앞서 말한 "간단하게 성공할 수 있다"라는 말이 말처럼 쉽지 않다는 것을 알게 될 것이다.

물론 프랜차이즈로 성공하는 사람도 많이 있다. 하지만 그 사람들은 반드시 프랜차이즈가 아니라 독립 창업을 했어도 성공했을 것이다. 애초 비즈니스 감각을 가지고 있고, 다양한 공부를 한 데다가 프랜차이즈를 잘 활용해 성공한 것이다.

다시 앞서 말한 대로 돌아가자면 큰 자금을 쏟아 부었다고 해서 많은 돈이 나온다고는 할 수 없다. 창업을 하고 최소한 3년은 적은 자금으로 조금씩 이익을 늘리고 회사를 성장시켜야 한다.

3년 정도 일을 계속 해나갈 수 있다면, 점점 '창업가 뇌'로 바뀌어 자신의 회사 상품이나 서비스 혹은 고객에 대해서, 그리고 경영이란 무엇인가에 대해서 알게 될 것이다. 또한 3년 정도 일을 하면 고정 고객도 붙게 되고 수입도 안정적이 되어 회사가 잘 굴러가게 된다.

하지만 대다수의 창업가는 그 3년이라는 시간 동안 서서히 무너져버린다. 그렇기 때문에 처음부터 전 속력을 내기보다 천천히 조금씩 가속해야 한다. 창업가에게 있어서 정공법은 장기간에 걸쳐 착실하게 성장을 지속하는 것이다.

이에 대해 "창업하는 단계에서 자본금은 없어도 좋지 않을까?"라고 묻고 싶은 사람들이 있을 것이다. 유감이지만 답은 NO다.

분명, 지금은 자본금이 없어도 회사를 세울 수 있다. 자기 자본 없는 창업도 가능하다. 하지만 그렇게 하면 분명 3개월도 버티지 못할 것이다. 자본금이 어느 정도 있다면, 회사의 운전 자금에 해당하므로 헛된 경영을 하지 않는 한 1년 정도는 지속할 가능성이 있다. 그러나 자본금이 적으면 적을수록 유예기간은 짧아질 것이다.

실제로 자본금 없는 기업이 설립된다면 1년 안에 도산하는

경우가 대부분일 것이다. 그렇기 때문에 1년간 회사 경영을 계속하고 싶다면 설령 1년간 수입이 전혀 없다고 하더라도 최저한의 생계를 유지할 수 있게끔 돈을 준비해두어야 한다. 한 달에 20만 엔의 생활비가 들어간다면 1년 동안 최소 240만 엔. 아무리 적어도 이 정도의 저축액이 없다면 창업을 해서는 안 된다.

이상적으로는 500~600만 엔의 현금은 필수다. 창업을 하고 첫 달부터 매출이 발생할 것이라고 생각하는 사람들이 있지만 그런 일은 절대 있을 수 없다. 대부분의 경우는 고정 비용이나 예상치 못한 지출이 더해져 지불해야 할 금액이 수입보다 많아진다.

자본금은 스스로 모으는 것이 가장 좋다. 그렇지만 그 밖의 다른 곳에서 받아내는 방법도 있다. 국가나 상공회가 운영하는 창업지원융자금이나 기업조성자금 등을 활용하면 어느 정도의 자금 활용이 가능하다.

따라서 창업을 하기 전에 신청방법이나 시스템에 대해서 조사하고 이해한 후, 절차를 준비해두어야 한다. 돈이라고 하는 기름이 없다면 회사라는 자동차는 달릴 수 없다. 이 점을 명심하자.

박리다매를 해서는
안 된다

대기업은 자본과 유통망을 손에 쥐고 있기 때문에 박리다매 전략을 사용할 수 있다. 그러나 영세중소기업의 경우, 박리다매는 경영 전략이 되지 않는다.

때문에 영세기업은 상응하는 가격을 설정하고, 그 상품을 원하는 사람에게만 한정해서 매매하는 방법을 잘 해나가야 한다.

또 내가 어느 정도의 수입이 필요한지를 결정해두는 것도 중요하다. '연수입 800만 엔을 벌고 싶어'라고 생각하는 사람이 1개당 10엔, 20엔 하는 과자 가게를 운영할 수는 없다. 억만장자가 되고 싶다면 억만장자가 되는 일을 발견해야 한다.

실제로 파는 상품과 서비스가 정해졌다면 다음은 가격설정이다. 우선 똑같은 상품을 팔고 있는 동종 업계를 연구해서 상품의 시가를 알아본다.

예를 들어 주위 사람이 3,000엔으로 팔고 있는 상품을 3만 엔에 팔기는 어렵다. 그렇다고 해서 주위와 맞춰 3,000엔에 팔 필요는 없다. 그럴 경우, 3만 엔에 팔더라도 비싸다는 생각이 들지 않을 정도의 부가가치를 붙여서 파는 것을 생각해볼 수 있다.

또한 손님의 속성에 맞춰서 가격설정을 하는 것도 중요하다. 컨설팅이나 세미나라고 하는 상품의 경우는 특히 더 그렇지만 매상을 늘리기 위해 요금설정을 높게 하면 비싼 가격을 지불하는 고객 맞춤의 메뉴나 프로그램을 만들어야 한다. 즉 객단가를 올리기 위해서는 그에 어울리는 상품개발이 필수다.

나는 창업을 하고 나서 바로 블로그 컨설팅, 블로그 세미나를 개최했다. 당시의 고객들은 비교적 수입이 적은 사람들이었다. 애초부터 '블로그로 돈을 벌고 싶다'고 생각하는 사람은 취미나 부업으로 이미 어필리에이트를 하고 있는 사람이 많았기 때문이다.

그러나 세미나 프로듀서로 강사육성을 시작하면서부터 고객들의 수준이 한번에 업그레이드되고 말았다. 변호사, 의사, 창업가, 잘나가는 영업사원 등 사업에서 성공하고 있는 사람, 성공하고 싶은 사람들이 '세미나 강사가 되고 싶다'고 모이기 시작한 것이다.

당연한 것이지만 1회 컨설팅비나 세미나 요금도 블로그 컨설팅을 할 무렵과 비교해서 큰 폭으로 올랐다. 이런 식으로 자신이 취급하는 상품에 따라서 고객이 변하고, 또한 가격 설정도 바꿀 수 있어 매상도 변하게 된다.

'송죽매'의 법칙이라는 것이 있다. 예를 들어 1,000엔, 2,000엔, 3,000엔짜리 장어덮밥이 있다고 하자. 그렇다면 이 중에서 어떤 장어덮밥이 가장 잘 팔릴까? 정답은 '2,000엔짜리 장어덮밥'이다.

일반적으로 3개의 가격대가 있는 상품을 제시받는 경우, 가장 가운데 있는 가격의 상품을 선택한다고 한다. 그렇기 때문에 장어덮밥집에서는 '송죽매'의 '죽'을 가장 이득이 많이 남도록 설정한다. '송'과 '매'는 그 정도로 많이 팔리지 않아도 되고, 고객의 주목이 '죽'에 모이게 하면 돈을 벌게 되는 구조다.

이것은 세상 모든 상품이나 서비스에 유용하게 사용할 수 있다. 팔고 싶은 상품을 가장 가운데의 가격대에 배치하고, 그 상품에서 가장 많은 이익이 남도록 설정하는 것이다.

이처럼 다양한 방법으로 가격을 설정해 박리다매를 하지 않고도 효율적으로 가능한 많은 이익을 얻는 방법을 궁리해보자.

 C·H·E·C·K·P·O·I·N·T

송죽매松竹梅의 법칙

일본 에도시대 장어집과 메밀국수 집에서 사용하던 메뉴이름에서 유래.
송, 죽, 매는 메뉴와 직접적 관련이 없지만 일반적으로 메뉴 품질의 상, 중, 하를 의미한다. 대부분 손님이 가운데인 죽竹을 선택한다는 것에서 힌트를 얻어 가운데 가격대의 메뉴에 판매전략을 집중하는 방식.

절세만으로는 부족하다

영세기업의 경우, 예를 들어 이익이 나온다고 해도 '적자결산'이 되어 가능한 세금을 내고 싶지 않다고 생각하는 사장이 많다.

그러나 나는 이익이 나온다면 흑자결산이 되어야 한다고 생각한다. 왜냐하면 큰 회사가 당신의 회사와 거래를 하려고 생각할 경우, 우선은 신용도를 평가할 것이다.

또한 은행에서 돈을 빌릴 경우에도 당연히 적자를 지속할 때 융자를 받기가 쉽다. 비즈니스라고 하는 것은 1,000만 엔을 1,500만 엔으로, 1억 엔을 1억 5,000만 엔으로 만드는 것이다.

그렇게 때문에 자금이 필요하다. 수중에 돈이 없다면 빌릴 필요가 있다.

눈앞에 있는 수십만 엔, 수백만 엔의 돈을 세금으로 지불하고 싶지 않지만, 그 때문에 결정적인 순간에 돈을 빌릴 수 없다면 큰 찬스를 날려버리게 된다.

비즈니스는 타이밍이 중요하다. 절세를 생각하고 있는 시간이 있다면 철저하게 팔아라.

타산적인 세금 대책 등에 연연하기보다 지불할 것을 지불하는 것이야말로 한 사람 몫을 하는 창업가가 할 일이다. 절세라고 칭하고 세금을 지불하지 않은 채 창업가인 척하는 것은 이상하지 않은가? 세금을 착실하게 지불하지 않으면서 "시청의 서비스가 나쁘다"라는 등의 불만을 말할 권리는 없다. 세금을 착실하게 지불하고 나서야 대기업을 뒤흔드는 공공 서비스를 이용할 수 있게 된다.

회사 경영의 최종적인 미션은 '사회공헌'이다. 회사를 보다 좋게 만들기 위해서 돈이 필요하다면, 돈을 버는 사람이 '세금'이라는 형식으로 돈을 지불해야 한다.

세금을 '아깝다'고 생각한다면, 아깝다고 생각되지 않을 정도의 수입을 올리면 된다고 생각하라. 지금까지 수백만 엔을 벌어서 몇 퍼센트를 세금으로 지불했다면, 수천만 엔을 벌면 되는 것이다.

C·H·E·C·K·P·O·I·N·T

창업자금 증여세 과세 특례제도

18세 이상인 거주자국내에 주소를 두거나 1년 이상 거소를 둔 사람가 중소기업 창업을 목적으로 60세 이상의 부모로부터 토지·건물 등 양도소득세가 과세되는 재산을 제외한 재산증여세 과세가액 30억원 한도을 2013년 12월말까지 증여받는 경우, 증여세 과세가액에서 5억원을 공제하고 10%의 세율로 증여세를 부과한다.

창업자금에 대해 증여세 과세특례를 적용받으려면 반드시 증여세신고기한증여받은 날이 속하는 달의 말일부터 3개월 이내까지 창업자금 특례신청서를 납세지 관할 세무서장에게 제출해야 한다. 또한 창업자금을 증여받은 사람은 증여받은 날부터 1년 이내에 창업해야 하며, 3년이 되는 날까지 창업자금을 모두 당해 목적에 사용해야 증여세가 추징되지 않는다. 증여세 과세특례가 적용된 창업자금에 대해서는 10년간 사후 관리한다.

인맥을 지나치게
늘려서는 안 된다

창업을 준비하는 사람은 누구라도 처음에는 다양한 사람과 인맥을 만들기 위해 필사적이 된다. 그렇지만 넓은 인맥이 반드시 창업가에게 이익이 된다고 말할 수는 없다.

인맥은 '넓이'가 아니라 '깊이'가 중요하기 때문이다.

마구잡이로 인맥을 넓히는 것의 단점에 관해 알아보자. 단점은 크게 두 가지로 생각할 수 있다.

- '교제'가 늘어나 인맥을 유지하는 것이 힘들다.
- 자신에게 불이익을 주는 인맥이 발생한다.

친하게 사귈 수 있는 사람의 수에는 제한이 있다. 어느 일정수를 넘으면 '한 번 만나고 끝'이라든가 '연하장을 주고받는 사이 정도' 등이라고 하는 사람의 비율도 점점 늘어갈 것이다. 고생해서 넓힌 인맥도 이렇게 해서는 아무런 이익을 남기지 못한다.

게다가 다양한 사람을 소개받고 싶다고 주위 사람과 접촉한다거나, 비즈니스 교류회와 같은 불특정 다수의 사람들이 많이 모이는 장소에 자주 발을 옮기면, 이른바 '질이 나쁜 사람'이 접근해올 가능성이 높다.

실제로 그들과 사이좋게 지낸다면 좋겠지만 불필요한 물건을 강매당해버려서 자신도 모르는 사이에 이상한 계약서에 묶인다거나 하는 등의 트러블이 발생하기도 한다.

인맥은 '양'보다 '질'이다.

100엔조차 지불하지 않는 사람을 100명 모으는 것보다 1만엔을 지불해주는 사람을 더 소중히 여기는 편이 좋다. 그렇기 때문에 넓고 얕게 다양한 사람들과의 만남을 이어가지 말고, '이 사람이다!'라는 생각이 든 사람과 몇 번씩 만남을 계속해서 대화하고 농밀한 시간을 공유하면서 신뢰관계를 구축해야 한다.

인맥을 늘리려고 기를 쓰게 될 때는 아무래도 기분이 들떠버

려서 한 번 만나는 것으로 다른 사람들과 친해질 수 있다는 생각이 들 것이다. 상대방에 대해 제대로 알지 못하면서 '이 사람은 좋은 사람이기 때문에'라든가 '신용할 수 있는 사람이니까'처럼 간단하게 판단해서는 안 된다.

애초부터 인맥은 단기간에 만들 수 있는 것이 아니다. 필요하기 때문에 빨리 만들어야겠다고 생각해도 무리다. 자신이 앞으로 어떻게 되고 싶은가, 무엇을 하고 싶은가를 명확하게 한 후에, 다른 사람들과의 만남을 소중히 하고, 향상심이 있는 솔직한 사람과의 인맥을 구축해가도록 하자.

 C·H·E·C·K·P·O·I·N·T

마구잡이로 인맥을 넓히는 것의 단점
- '교제'가 늘어나 인맥을 유지하는 것이 힘들다.
- 자신에게 불이익을 주는 인맥이 발생한다.

투자와 소비를
혼동하지 마라

당신이 투자라고 생각하고 있는 것이 어쩌면 소비일지도 모른다. 여기서 다시 한 번 '투자'와 '소비'의 차이에 대해서 이해해두자.

- **투자** : 구입한 상품이 지불한 금액 이상의 가치를 생산하는 것
- **소비** : 지불한 금액과 똑같은 혹은 그것 이하의 가치밖에 되지 않는 것

예를 들어 20만 엔의 레슨비를 지불하고 영어회화를 배우고

214

주말사장으로 사는 법

있다고 하자. 영어로 잘 말할 수 있게 되어서 외국 사람들과 비즈니스를 할 수 있게 되었다. 이 경우에 20만 엔의 레슨비는 투자가 된다.

하지만 같은 영어회화를 배우더라도 업무상 영어를 사용하지 않고, 일 년에 한 번씩 해외여행을 갈 때만 조금 도움이 된다면, 이 경우 소비라고 볼 수 있다.

같은 상품이나 서비스라고 해도 결과에 따라서 투자와 소비로 나뉜다.

다른 예를 들어보자. 이 책을 읽은 당신이 창업을 결심한다거나 비즈니스에 있어서 힌트를 발견하게 되어 그것을 실행한다면 이 책을 구입하는 데 쓰인 돈은 투자다.

그러나 이 책을 읽고서 "아, 재미있다"라고 말하고 실제로 행동으로 옮기지 않는 경우 소비가 된다.

당신도 투자할 생각으로 '이것도 도움이 될 거야', '저것도 어딘가에 쓰일 거야'라고 무작위로 돈이나 시간, 노력을 사용했지만, 막상 결과를 보면 소비가 되어버린 게 있을 것이다.

이와 같은 사태를 막기 위해서는 투자하기 전에 '목적'과 '착지점'을 분명히 해둘 필요가 있다. 이 점을 명확히 의식하면서 시작하면 헛된 투자, 다시 말해 단순한 소비에 머무르지 않고 회사 경영에 큰 도움이 될 수 있을 것이다.

앞으로 자신이 어떻게 되고 싶은지를 명확히 상상하고 그를 위해서 필요한 것에 돈과 시간을 사용해보자.

공짜로 일하지 마라

　상품이나 서비스를 무료로 제공한다면 상대방은 다음번에도 무료라고 생각하고 기대하게 된다. 한 번 무료로 제공하거나 가격을 내리면 다시 가격을 올리기란 매우 어려운 일이다.

　무료 비즈니스를 해서 1회 공짜로 제공한 후에 다음번에는 그 상품이나 서비스에 돈을 지불할 것인가를 말한다면, 일부의 사람들은 지불해줄지도 모르겠지만, 지불하지 않는 사람의 수가 압도적으로 많을 것이다.

　나는 몇 번인가 무료로 서비스를 제공한 적이 있다. 한 번 유료로 제공했기 때문에 재사용이 가능한 것들로만 이루어진 상품이었다. 즉 감가상각을 할 수 있는 상품이나 서비스다.

예를 들어 한번 책으로 발매한 것의 일부분만을 무료로 제공하는 것이다. 이 역시 단순한 무료 제공에 그치지 않고 읽은 사람의 일정 수가 책을 사 주거나 세미나에 참가해줄 가능성이 있다.

애초 전략도 없이 무료로 상품이나 서비스를 제공하는 것에는 그에 대한 자신이 있어야 한다. 자신이 판매하고 있는 상품에 자신이 있다면 무료로 제공할 생각은 하지 않을 것이다. 상품만이 아니라 노동도 마찬가지다.

물론 일이 아니라면 '지금은 한가하니까'라고 해서 무료로 무언가를 전달해주는 등 비용이 들지 않는 것은 상관없다. 하지만 비즈니스에서 돈이 되지 않는 행위를 해서는 안 된다. 그것은 일의 가치를 떨어뜨릴 뿐이다.

창업을 해서 사장이 된다면 '돈이 되지 않는 것은 거절한다'라고 하는 자세가 가장 중요하다.

그 대신, 나중에 반드시 환원할 것이라고 생각한다면 과감히 끼어들면 된다. 스스로 선택해서 한다고 정했기 때문에 돈이 되지 않는 것이라고 해도 그것은 자신의 책임이다. 하지만 상

대방에게 말을 듣고 '별수 없지'라고 생각하면서 무료로 일을 해봤자 정신적인 스트레스만 끌어안을 뿐이다.

기본적으로 한 번이라도 무료로 일을 해봤다면 그 후에도 끌려갈 수밖에 없는 상황이 되기 쉽다. 그렇기 때문에 처음에 딱 잘라 거절하는 것이 중요하다.

그리고 한 가지 더 염두해둘 것이 있다. 무료라고 생각하면 아무래도 상품이나 일의 질이 떨어져버린다. 유료라면 '돈을 지불했기 때문에 확실하게 상품을 제공받지 않으면 안 돼'라거나 '보수를 받은 이상 그 나름의 퀄리티를 업무에서 얻어내지 않으면 안 돼'라고 생각하게 된다. 그렇지만 돈을 받지 않는 경우에는 '무료 퀄리티'로 치부되기 쉽다.

하지만 상품을 받은 사람이나 일을 부탁한 사람은 그런 생각을 하지 않는다. 무료인 것에도 유료와 똑같은 퀄리티를 기대하는 것이다.

결과적으로 무료의 상품을 제공한다고 해서 퀄리티를 떨어뜨린다면 사람들은 당신을 '저 사람은 조악한 것을 제공하는 사람이다', '그 정도의 일밖에 할 수 없는 사람이다'라고 생각하게 된다.

모처럼의 서비스로 상품이나 노동력을 제공했지만 자신의 평가를 끌어내리는 결과를 가져왔기 때문에 좋은 일이 생길 리 없다. 그렇기 때문에 어떤 경우에라도 절대 공짜 일은 하지 않는 편이 좋다.

C·H·E·C·K·P·O·I·N·T

기업금융나들목 www.smefn.or.kr

창업부터 운영, 기업정리까지 각 단계별로 필요한 자금·기술·인력·판로·컨설팅 등에 대한 정보를 제공하는 사이트. 예비 창업자와 사업 초창기에 있는 기업을 위한 '창업·사업 시작하기' 메뉴에서는 창업 아이템 선정, 사업 타당성 분석, 사업 계획서 작성요령, 회사 설립 절차, 창업자금 조달 등도 안내한다.

또 창업 실폐사례와 성공사례를 소개해 창업의 성공률을 높이도록 지원하며, 시설, 무역금융, 구매자금, 창업자금 등에 대한 대출정보를 비롯해 투자, 보증, 보험 공제 등 다양한 기관에서 제공하는 금융지원 정보도 한 곳에 모아두었다.

주말사장으로 사는 법

창업에 실패한
사람들에게 배워라

나는 컨설턴트로 세미나 강사로 지금까지 다양한 주말사장과 창업가를 비롯해 창업가를 목표로 하는 사람들을 봐왔다. 성공해서 큰 사업을 다루게 된 사람도 있었지만 한편으로는 안타깝게도 창업을 하지 못하고 사라져버리는 사람도 있었다.

여기서는 이 책을 읽고 지금부터 창업을 하려고 생각하는 사람들이 반면교사로 삼아야 할 실패한 사람들의 예를 몇 개 들어보고자 한다.

[실패 사례1]

직장인으로 중소기업에 근무하고 있던 A씨. 특별히 하고 싶은 일이 있는 것은 아니었지만, 매일 똑같은 일을 하는 것이 지겨워져서 회사를 그만두고 창업을 하기로 마음먹었다.

어떤 창업을 할까에 대해 생각해보지 않았기 때문에 회사를 그만둔 시점에서 곧바로 시작할 수 없었다. 힘들게 직장을 다닐 때 모은 돈이 있었기에 당분간 쉬면서 천천히 사업계획을 세우기로 했다. 그러나 원래 목적이 있어서 창업을 하려던게 아니라 준비조차 할 수 없는 상황이 계속되었다. 이런 상황이 계속되면서 저금한 돈을 모두 사용해버리고 말았다.

생활이 어려워진 A씨는 별 수 없이 생활자금을 벌기 위해서 경비원 아르바이트를 하면서 창업 준비를 계속해나갔다. 하지만 결국 A씨는 지금까지도 독립하지 못하고 경비원 아르바이트를 계속하고 있다.

[실패 사례2]

B씨는 직장인으로 일하면서 사회보험노무사 자격증을 취득했다. 자격증을 취득한 시점에서는 아직 회사를 그만둘 생각이 없었다.

그렇지만 불황이 이어지자 본사 근무에서 현장 근무로 이동되었다. 급료는 똑같았지만 현장일로 이동된 것 때문에 B씨는 자존심에 큰 상처를 입고, 곧바로 퇴사했다.

창업을 위해 다양한 세미나에 참가하는 동안 저축이 바닥나 가족과의 사이도 삐그덕거리기 시작했다. 지금은 편의점에서 아르바이트를 하면서 어떻게든 생계를 이어가고 있지만 창업할 생각은 전혀 없다.

A씨, B씨 모두 왜 창업을 할 수 없었을까? 두 사람 모두 다 장래를 생각하지 않고 직장인의 삶을 포기해버린 것이다.

이 책에서는 '주말사장'부터 시작하는 가장 리스크가 적은 창업 방법을 소개하고 있다. 여기에서 소개된 내용을 충실히 지키고, 휴일에 창업 경험을 한 번 해본 후에 '창업가 뇌'를 단련시켜두면, A씨나 B씨처럼 길을 잘못 가게 될 일은 없을 것이다.

이제 다시 한 번 확실하게 주말사장부터 창업까지의 흐름을 반복해서 읽고, 당신만의 비즈니스를 성공시켜라.

성공하는 주말사장을
위한 사고방식

마지막으로 내 방식의 '성장하고 성공하는 주말사장을 위한 사고방식'을 몇 가지 소개하고 싶다.

나눠주는 것을 소중하게 생각한다

이익이 생기면 모든 것을 자신의 몫으로 하지 말고 다른 누군가에게도 나눠주어라. 예를 들어 내 경우에는 파트너십으로 일을 하고 있었기 때문에 파트너와 수입의 절반을 나누었다. 상대방이 고객이라면, 돈을 벌고 난 후 캐시백이나 상품 혹은 서비스로 환원을 해주는 것도 좋다.

주위 환경이나 사람이 바뀌는 것을 기쁘게 생각한다

자신이 성장한 것에 따라서 주위 사람들이 떠나거나 환경이 크게 바뀐다. 그럴 때마다 외로움을 느끼거나 당황하지 말고 '성장이나 성공의 결과다'라고 생각하고 당당하게 가슴을 펼쳐 보자.

성공한 사람의 사고회로를 배워서 실천한다

성공한 사람들의 사고회로를 배우려면 그 사람들의 옆에 서 있는 것이 가장 빠른 방법이다. 그러나 성공한 사람들을 알게 되어 함께 행동하는 것은 쉽지 않다. 그럴 경우 책을 읽거나 세미나에 참가하는 식으로 성공한 사람들의 사고회로를 배우고 실천하자. 이 '실천한다'고 하는 점이 중요하다. 배우려고만 하고 스스로 도전하지 않으면 아무리 시간이 흘러도 내 것이 되지 않는다.

몇 번이고 실험하고 도전하라

비즈니스를 시작할 때면 '이 1만 엔을 투자해서 10만 엔으로 만들 수 없을까' 하는 생각에 마음이 두근거릴 것이다. 그리고 이를 실현하기 위한 다양한 도전과 선택에 직면하게 된다. 하지만 실패를 두려워하지 않고 투자를 해서 돈을 늘리는 것을 생각해보자. 반대로 실패를 반복하면 성공의 법칙이 보일 수도 있을 것이다.

C·H·E·C·K·P·O·I·N·T

성공하는 주말사장을 위한 사고방식
- 나눠주는 것을 소중하게 생각한다.
- 주위 환경이나 사람이 바뀌는 것을 기쁘게 생각한다.
- 성공한 사람의 사고회로를 배워서 실천한다.
- 몇 번이고 실험하고 도전하라.

인생은 한 번뿐! 그렇기 때문에
주말사장에 도전하라

회사를 다니던 무렵, 나는 몇 번이나 회사가 싫다는 생각을 했다.

"자네, 왜 우는 소리를 하는건가? 여기는 학교가 아니야."

심야의 사무실에서 혼자 클레임 처리를 하기 위해 울면서 잔업을 하고 있었을 때였다. 우연히 잊은 물건을 찾으러 온 당시 과장에게 들은 말이었다.

그에 대해서 젊은 학생 기분에서 아직 빠져나오지 못한 나는 다음과 같은 생각을 했다.

- 나는 잘못하지 않았다.
- 반대로 고객이 이상한 것이다.
- 그런데도 직속 상사가 내가 나쁘다고 일방적으로 힐난했다.

이 같은 생각으로 억울해 하고 불평했다. 과장은 다시 서늘한 얼굴로 냉정하게 말했다.

"그게 불합리하다고 생각되거나 싫다면 자네 스스로가 독립해서 사장이 되던가 아니면 회사에서 출세를 하는 수밖에 없네."

그때의 상황은 20년이 지난 지금도 결코 지워지지 않는다.

아니 지우려고 하지 않았기 때문에 독자적으로 창업할 수 있었다.

내년이면 내가 독자적으로 창업을 한 지 10주년이 된다. 물론 처음부터 순조로웠던 것만은 아니다. 반대로 '언제 회사가 무너질까?' 하는 생각을 하면서 잠 못 드는 밤이 계속되었다는 게 정직한 대답이다.

하지만 그만두지 않았다. 그만둘 수 없었다. 왜냐하면 창업은 즐거웠으니까. 자신이 전략을 세워서 스스로 행동에 옮기고 자

신이 그 결과를 모두 받아들일 수 있었다.

살아가고 있다는 즐거움, 일하고 있다는 긴장감이 직장을 다닐 때와는 전혀 달랐다.

창업은 도박이라고 하는 사람도 있다. 확실히 그런 요소도 없다고 할 수는 없다. 그러나 인생은 한 번뿐, 그렇기 때문에 나는 창업을 추천한다.

그런 이유로 나는 '주말사장'을 주제로 이 책을 쓰게 되었다.

"승부에 있어서 불가사의한 승리는 있지만, 불가사의한 패배란 없다."

이것은 프로야구 노무라 감독의 인용으로 알려져 있지만 원래는 검의 달인 마쓰우라 세이잔의 말이다.

'패배를 할 때는 아무런 이유없이 질 리가 없으며, 패배의 요소가 필요하다. 반대로 이길 때라도 무언가 패배와 연결되는 원인이 있을 것이다'라는 의미다.

그렇기 때문에 어떻게 해서라도 창업으로 성공하고 싶다고만 생각하지 말고 어떻게 하면 실패를 하는지도 알아두기 위해서 이 책이 필요하다.

또한 최소한의 시행착오를 위해 이 책에 다양하게 소개되고 있는 사례들을 습득하고 이용하라.

이 책을 통해 독자 여러분 모두 '기회'의 계기가 되는 무언가를 발견하기 바란다.

마지막까지 읽어주신 분들에게 감사 인사를 드린다.